예수님이 가르쳐주신 8가지 삶의 비밀

Happiness, Redefine

행복, 다시 정의하다

예수님이 가르쳐주신 8가지 삶의 비밀

행복, 다시 정의하다

지은이	권오국
발행일	초판 1쇄 발행 2025년 2월 12일
발행인	김도인
펴낸곳	글과길
출판사	등록 제2020-000078호[2020.5.29.] 서울특별시 송파구 삼학사로 19길 5 3층 wordroad29@naver.com
편집	오현정
디자인	안영미
공급처	하늘유통 경기도 파주시 광탄면 분수리 350-3 전화 031—947-7777 팩스 0505-365-0691

ISBN	979-11-988511-3-0 03230
값	15,000원

Happiness, Redefine

행복, 다시 정의하다

권오국 지음

예수님이 가르쳐주신 8가지 삶의 비밀
The 8 Secrets of Life Jesus Taught You

글과길

추천사

2023년 노벨문학상 수상자인 미국 예일대 교수 루이스 글릭(Louise Gluck)이 한 시에서 두려움에 덮여 있는 세상을 향해 희망노래를 들려준다. "내가 어떠했는지, 어떻게 살았는지 아는가/ 절망이 무엇인지 안다면/ 당신은 분명 겨울의 의미를 이해하리라/ 나 자신이 살아남으리라고 기대하지 않았었다/ … 내가 다시 깨어날 것이라고는/ 예상하지 못했었다/ … 지금 두려운가 그렇다/ 하지만 다른 꽃들 사이에서/ 다시 외친다/ '좋아 기쁨에 모험을 걸자'/ … 살을 에는 바람 속에서"("눈풀꽃" 일부). 삶의 무게가 내리누르고, 살을

에는 바람이 들판에 가득합니다. 살아남을 수 있을지 기대할 수 없어 두려움에 둘러싸여 있다. 하지만 '기쁨에 모험을 걸자'며 꿈틀거린다. 씨앗의 노래이다. 차가운 들판에서도 생명의 역사를 이어가시는 창조주의 손길에 붙들려 '다시 자신을 여는 법을 기억하는 이'들이 일어설 때 생명의 봄은 그곳에 활짝 펼쳐진다.

시인의 외침이 참 고맙다. 오래전 압제와 생의 무게에 짓눌려 벼랑 끝에 서 있는 사람들이 어두운 들판에 모였다. 나사렛에서 온 한 젊은 설교자가 일어나 외친다. "벼랑 끝에 서 있는 너희는 복이 있다. 왜냐하면 너희가 작아질수록 하나님과 그분의 다스림은 커지기 때문이다"(마 5:3, The Message). 행복의 씨앗을 심어주고, 행복의 이유를 들려준다. 힘든 인생길을 걸어가는 사람들에게 힘이 솟구쳤을 것이다. 그 말씀을 먹었던 사람, 그 행복의 이유를 찾았던 사람들로 인해 그 씨앗이 오늘 우리에게까지 전해졌다. 행복한 사람들이 익산 땅에 함께 모여 하늘 행복을 노래한다.

본서는 그분이 전해주신 진정한 그 행복과 행복 요리법을 생생하게 풀어 다시 들려준다. 책을 통해 오늘 하나님의 백성들이 따라야 할 행복의 길을, 진정한 행복을 어떻게 누릴 수 있을지 풀어주시는 말씀을 다시 들으며 감사로 가득하다.

추천사

팔복산에서 우리 주님께서 들려주셨던 그 행복의 비결을 다시 전해 받으면서 입술에 고백이 차오른다. "그렇습니다. 주님 한 분이면 충분합니다." 노래가 흘러나온다. "눈물 날 일 많지만 기도할 수 있는 것/ 억울한 일 많으나 주를 위해 참는 것/ 비록 짧은 작은 삶 주 뜻대로 사는 것/ 이것이 나의 삶에 행복이라오."

오늘 삶의 자리는 어렵다. 갑작스럽게 국격이 훼손되고 정치 후진국으로 전락 되는 어두움 가득한 들판에서 우린 무거운 마음으로 새해를 시작했다. 그로 인해 삶의 자리마다 어려움이 가득하여 한숨들이 늘어간다. 새해 아침, 주님의 긍휼을 구하며 기도할 때 그 말씀으로 채워준다. "굶주린 젊은 사자들은 먹이를 찾아 헤매지만, 하나님을 찾는 이들을 하나님으로 배부르리라(시 34:10).

신광 강단에서 전해진 말씀으로 인해 행복한 성도들이 본서를 통해 다시 우리 주님께서 당신 자녀들에게 보여주신 행복의 길을 힘 있게 걸어가시길, 그 길목에서 맛본 하늘 행복 때문에 함께 손잡으시길, 남은 인생길도 어두움 가득한 들판에서 행복 노래로 가득하시길 빈다. 바쁜 목회 여정에서 촌음을 아껴가며 귀한 책을 출간하신 저자 때문에, 들려주시는 하늘 음성 때문에 다시 하늘 미각이 살아난다. 그분이 차

리신 광야의 식탁에서 풍성함을 맛보며 행복 가득하시길 빌며, 일독을 권한다.

고대 아일랜드 기도문으로 손들어 축복한다. "그대 걸어가는 발 앞에/ 언제나 길이 나타나 그대를 맞아주기를/ 바람은 언제나 그대 등 뒤에서 불기를/ 그대 얼굴에 항상 따스한 햇살이 비치며/ 그대 일구는 밭에 비가 촉촉이 내리기를/ 비가 내린 후에는 아름다운 무지개가 선명하게 피어나기를/ … 불행은 늘 그대를 피해가기를/ 하나님께서 그대를 당신의 손바닥 안에 두시기를."

김운용 | 장로회신학대학교 총장

종교개혁자 에라스무스가 책은 미래에 무한한 영광을 준다고 말합니다. "책은 미래에 그대에게 무한한 영광을 주리라." 책은 서재에 꽂혀 있는 것으로 그치지 않고 저자에게 무한한 영광을 줍니다. 독자가 책을 읽는 영광을 경험하기 때문입니다.

기독교는 글의 종교입니다. 글의 종교였기에 기독교 초기에 글을 쓰는 사람은 성직자인 교부였습니다. 중세는 글을 쓰는 사람이 신학자·시인·소설가·역사가·철학자 등이었습니다.

추천사

중세도 글을 쓰는 사람 중 성직자 대다수였습니다. 쓴 글은 언젠가 책이 되어 나옵니다. 유럽의 성직자가 일찍부터 글을 썼다면 목회자는 글을 써야 합니다. 그 글은 기필코 책이 되어 세상으로 나와야 합니다.

영상시대가 되니 문해력이 더 강조됩니다. 챗GPT로 누구나 책을 쓸 수 있는 시대가 활짝 열렸음을 말해줍니다. 목회자는 사회와 교회의 리더입니다. 리더라면 다른 사람보다 문해력 기준이 높습니다. 먼저 자신의 설교문을 스스로 쓸 수 있어야 합니다. 다음으로 '주제 있는 책'을 써야 합니다. 영상시대가 강화될수록 책의 가치는 더 강화될 것입니다.

자랑스럽게도 소설가 한강이 2024년 아시아 여성 작가 최초로 노벨문학상을 수상했습니다. 목회자는 적어도 책이 복음 증거의 한 방편으로 삼는 영광을 가져야 합니다.

본서는 저자가 절절한 마음으로 팔복을 예수님의 행복 러시피를 써내려 갑니다. 남다른 통찰력으로 팔복을 시대에 맞게 그려냅니다. 그리스도인에게 팔복을 삶에 적용토록 이끕니다. 권오국 목사의 책『행복, 다시 정의하다』는 2025년도 혼탁한 사회에서 하나님의 영광을 드러내고자 하는 그리스도인의 필독서입니다. 이 책의 부제인「예수님이 가르쳐주신 8가지 삶의 비밀」에서 알 수 있듯이 예수님이 가르쳐주신 8가지 삶의 비밀을 내 것으로 만들라고 촉구합니다. 저자는 팔복을 2025년도를 살아가는 그리스도인에게 '행복'이라고 친절하게 재정의 해줍니다.

행복은 인간에게 최고의 관심사 중 하나입니다. 철학자 아리스토텔레스로부터 수많은 철학자는 물론, 심리학자, 사회학자, 과학자 그리고 목회자는 사람들에게 풀어 주어야 할 숙제입니다. 저자는 행복을 세상이 아니라 예수 그리스도 안에서 찾으라고 말합니다. 많은 그리스도인이 행복은 세상에서 찾다가 실족함을 많이 봤기 때문이라고 생각합니다.

이 책을 읽으면 '난 정말 행복하다'고 말하게 된다고 확신합니다. 어떤 아빠가 자녀에게 이렇게 말합니다. "이런 멋진 네가 있어서 난 정말 행복하단다." 그러자 자녀도 똑같은 말을 해준다. "나도 멋진 아빠가 있어서 행복해요."

우리는 이 책을 읽으면서 이런 고백하면 좋겠습니다. "하나님 덕분에 행복해요.", "팔복을 삶에 적용함으로 세상 최고의 행복이 뭔지 알았어요." 이 책이 이런 책입니다.

김도인 목사 | 아트설교연구원 대표

프롤로그

행복을 찾는 일은 마치 인생의 주방에서 완벽한 요리를 만드는 것과 같습니다. 사람마다 다양한 재료와 방법으로 '행복'이라는 인생 요리를 만들려 합니다.

세상은 우리에게 끝없는 레시피를 제공합니다. 성공, 부, 명예, 혹은 평안한 삶을 이루기 위한 방법들 말이죠. 그러나 그렇게 공들여 만든 요리들이 막상 완성된 후에는 우리의 마음을 정말로 채워주지 못할 때가 많습니다.

이 책은 예수님만의 특별한 행복 레시피를 소개합니다. 바로 팔복(Blessed Are the… - 마태복음 5:1-12)에서 주신 8가지 행복의 비밀 레시피입니다. 예수님께서 친히 우리에게 주신 이 레시피들은 세상과는 전혀 다른 방향을 제시합니다.

심령이 가난한 사람, 애통하는 사람, 의에 주리고 목마른 사람 등, 우리에게 익숙하지 않은 재료들로 행복을 이루어 나가라 말씀하시죠. 하지만 이 신비한 가르침 속에는 진정한 만족을 위한 비밀이 담겨 있습니다. 이 레시피들을 하나하나 따라가다 보면, 천국의 식탁에 참여하는 기쁨을 경험하게 될 것입니다.

팔복은 단순히 예수님의 가르침 중 하나가 아닙니다. 그것은 예수님께서 살아내셨던 삶의 방식이며, 하나님 나라 백성들이 따라야 할 행복의 길입니다. 우리는 종종 행복을 외부에서 찾으려고 하지만, 예수님께서는 내면 깊은 곳에서부터 변화되어야 한다고 말씀하십니다. 그래서 이 책은 '행복'이라는 주제를 단순한 기쁨이나 즐거움이 아닌, 깊이 있는 내적 성숙과 천국을 소유하는 삶으로 풀어냅니다.

Key Point와 '토론과 묵상을 위한 질문' 활용

이 책의 구성은 고급 레스토랑에서 식사하는 순서와 비슷합니다. 각 장에서는 먼저 Appetizer가 나옵니다. 교회 역사의 위대했던 사상가들과 신학자들이 썼던 팔복에 대한 문장들을 살짝 맛보는 시간을 갖습니다. 영적인 식욕을 자극하고 잃어버렸던 하늘의 미각을 준비하는 시간입니다. 그 후에는 메인 요리인 팔복의 진리를 섭취하면 됩니다.

각 장의 끝에는 영적 성장과 소그룹 나눔을 위한 Key Point와 '토론과 묵상을 위한 질문'을 제공합니다. 하늘 식탁에서 맛보는 '디저트'입니다.

각 장은 팔복의 한 구절을 깊이 있게 묵상하며 예수님이 가르치신 복된 삶을 탐구합니다. Key Point는 매 장의 핵심 메시지를 명확하게 정리하여 독자들이 그리스도인의 삶 속에서 적용할 수 있도록 도와줍니다. 이를 통해 우리는 하나님의 뜻에 따라 살아가는 삶을 보다 구체적으로 상상할 수 있습니다.

또한, 각 장 끝에는 '토론과 묵상을 위한 질문'이 제시됩니다. 이 질문들은 여러분이 예수님의 가르침을 더 깊이 숙고하고, 내면의 성찰을 통해 영적으로 성숙할 수 있는 도구가 될 것입니다. 개인 묵상뿐만 아니라, 가족, 친구, 혹은 소그룹과 함께 영적 대화를 나누는 시간을 가질 때 매우 유용합니다.

팔복을 통한 영성 훈련과 나눔

이 책은 개인 영성을 위한 훈련뿐 아니라, 소그룹에서 팔복의 진리를 나누고 실천할 수 있는 방법도 함께 제안합니다. 팔복은 단순한 교훈이 아니라, 우리 삶 속에서 지속적으로 실천할 수 있는 영성 훈련의 도구입니다. 각 장의 끝에서 제시되는 토론과 묵상을 위한 질문을 통해 자신의 삶을 깊이 성찰하고, 소그룹에서는 각자가 겪은 도전과 깨달음을 나누면서 서로를 격려할 수 있습니다.

영성 훈련과 소그룹에서 이 책을 이렇게 활용해 보세요.

1. 팔복 주간 묵상: 팔복의 한 구절씩을 한 주의 주제로 삼아, 매일 그 말씀을 묵상하며 일상 속에서 실천할 구체적인 방법을 생각해 보세요. 그다음 소그룹에서 각자의 경험을 나눕니다. 예를 들어, "심령이 가난한 자는 복이 있나니"라는 주제로 한 주간 기도와 말씀 속에서 '가난한 마음'을 체험한 경험을 나누고, 실천한 결과를 함께 돌아보는 것입니다.

2. 팔복 실천 도전: 팔복은 단순한 가르침이 아니라 실천적

영성입니다. 소그룹에서 각자의 삶 속에서 팔복을 어떻게 실천했는지 나눠 보세요. 예를 들어, "긍휼히 여기는 마음"을 실천하는 한 주를 보내고, 누군가에게 긍휼을 베풀었던 경험이나 그것을 통해 받은 하나님의 은혜를 나누는 시간을 갖는 것입니다.

3. 서로 격려하기: 팔복은 혼자서만 이뤄 가는 길이 아닙니다. 우리는 이 길을 서로 격려하며 함께 나아갈 때 더 큰 성장과 변화를 경험하게 됩니다. 소그룹에서 서로를 위해 기도해 주고, 팔복을 실천하는 데 있어서 겪는 어려움과 도전을 나누며 격려해 보세요.

4. 팔복 기도 모임: 팔복의 말씀을 중심으로 한 기도 모임을 만들어 보세요. 예를 들어, "화를 평화로 바꾸는 기도"를 함께 나누거나, "의를 위해 핍박받는 이들을 위한 중보기도"를 드리는 등 팔복의 각 항목을 주제로 기도할 수 있습니다.

마무리하며: 예수님의 행복 레시피를 함께 요리해 보세요

이 책에서 다룰 팔복의 8가지 행복 레시피는 하나하나가 그 자체로도 완성된 요리이지만 하나의 코스 요리입니다. 코스 요리는 뒤로 갈수록 고급 요리가 나옵니다. 팔복도 계단식 구조를 가지고 있어서 하나하나를 맛보고 묵상하면서 점점 더 깊고 풍성한 맛을 누리게 됩니다.

첫 번째 재료인 심령의 가난함에서 시작해 의를 위해 핍박받는 자리까지, 팔복은 우리가 천국 행복을 요리하는 과정을 보여줍니다. 이 레시피들을 따라가다 보면 어느새 우리 마음속에 '천국의 향기'가 피어날 것입니다.

단지 이 책을 읽고 끝내는 것이 아니라, 팔복의 말씀을 통해 우리의 삶이 변하고, 나의 공동체가 변하고, 세상이 변하는 경험을 하기를 소망합니다.

이제 성경의 주방으로 들어가 예수님의 행복 레시피를 하나씩 완성해 보세요. 이 책을 통해 여러분이 새로운 행복의 맛을 발견하고, 각자의 인생 주방에서 예수님이 주시는 참된 행복을 요리할 수 있기를 기도합니다.

2024년 11월

프롤로그

차례

1장

◁◀◆▶▷

**팔복에 담으신
그리스도인의
행복론**

심령이 가난한 자는 복이 있나니

천국이 그들의 것임이요

애통하는 자는 복이 있나니

그들이 위로를 받을 것임이요

온유한 자는 복이 있나니

그들이 땅을 기업으로 받을 것임이요

의에 주리고 목마른 자는 복이 있나니

그들이 배부를 것임이요

긍휼히 여기는 자는 복이 있나니

그들이 긍휼히 여김을 받을 것임이요

마음이 청결한 자는 복이 있나니

그들이 하나님을 볼 것임이요

화평하게 하는 자는 복이 있나니

그들이 하나님의 아들이라 일컬음을 받을 것임이요

의를 위하여 박해를 받은 자는 복이 있나니

천국이 그들의 것임이라

__ 마태복음 5:3-11

"팔복은 그리스도의 제자가 된다는 것이 무엇인지 보여준다. 예수님께서 말씀하시는 복은 세상의 기준이 아니라, 하늘나라의 기준이다. 팔복은 그리스도인들이 이 땅에서 어떻게 살아야 하며, 무엇을 추구해야 하는지 가르쳐 준다."

마틴 루터(Martin Luther)

"팔복은 예수님의 대역전 선언이다. 그것은 하나님께서 높이시는 자들이 누구인지, 그리고 하나님 나라에서 참으로 가치 있는 것이 무엇인지 드러낸다. 이들은 세상이 무시하는 자들이다. 그러나 하나님은 그들을 축복하신다."

존 스토트(John Stott)

"팔복은 세상으로부터 고립된 성도들의 선언이 아니라, 세상 한가운데서 부름받은 제자들의 삶의 방식이다. 예수님은 제자들을 부르시며 팔복을 통해 그들의 삶이 세상의 빛이 되어야 한다고 말씀하셨다."

디트리히 본회퍼(Dietrich Bonhoeffer)

"팔복은 그리스도의 완전한 법, 즉 천국에 이르는 길을 제시한다. 그 안에는 우리를 온전하게 하는 덕목들이 담겨 있으며, 그 덕목을 통해 우리는 하늘의 상을 받는다."

어거스틴(St. Augustine)

"팔복에서 예수님은 가난하고 온유하며, 애통하고 의를 위해 핍박받는 자들이 복이 있다고 말씀하십니다. 이는 우리가 세상에서 살면서 사랑과 희생으로 남을 섬길 때, 참된 복이 우리에게 임한다는 것을 뜻합니다."

마더 테레사(Mother Teresa)

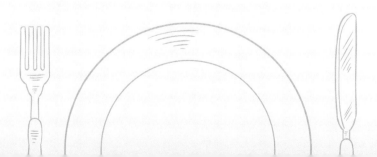

깃털인생vs반석인생

영화 포레스트 검프의 첫 장면과 마지막 장면을 보면, 깃털 하나를 클로즈업합니다. 영화의 시작은 깃털이 하늘에서 날아와 포레스트 검프의 무릎 위에 떨어졌다가, 마지막 장면에서 다시 하늘로 날아가는 장면으로 끝나죠.

영화의 주인공 포레스트 검프는 인생을 사는 목적과 계획이 없습니다. 아이큐가 75에 불과한 그의 인생은 그저 우연의 연속입니다. 이 영화는 인생이란 흐르는 강물처럼 그저 흘러가는 것일 뿐이고, 인간의 이성으로는 세상의 의미를 파악할 수 없다는 메시지를 전달합니다. 힘을 빼고 깃털 같은 인간으로 가볍고 정처없이 살아가라는 것이죠.

그러나 우리는 깃털 같은 인생이 아니라 반석 같은 인생을 살아야 합니다. 그리스도인들은 반석처럼 확고한 진리 위에 인생의 뿌리를 내려야 합니다. 세상과 구별된 삶이어야 합니다. 선명한 목적과 계획을 가지고 살아야 하죠. 윤리와 도덕이 무너지는 급변하는 가치관 속에서 성도들은 영원히 변하지 않는 삶의 지침을 가져야 합니다. 그 지침이 마태복음 5장부터 7장까지 등장하는 산상수훈입니다.

성경의 모든 구절이 중요하지만, 성경 중 가장 중요한 말씀이 산상수훈입니다. 산상수훈은 예수님께서 직접 전하신 설교입니다. 이 설교에는 예수님의 인생철학이 담겨 있습니다. 산상수훈은 성경 전체에 흐르는 하나님의 사상을 압축해서 전하신 예수님의 설교입니다. 산상수훈을 이해하는 것은 성경의 중심에 다가가는 길입니다.

산상수훈의 구조

먼저 산상수훈의 구조를 살펴봅시다. 마태복음 5장에서 7장까지 기록된 산상수훈은 크게 서론, 본론, 결론으로 나뉩니다.

마태복음 5장 1-16절은 서론입니다. 서론은 두 부분으로 구분됩니다. 전반부는 팔복을 통한 그리스도인의 인격적 정체성을 말하고 후반부는 소금과 빛의 비유를 통한 그리스도인의 사명적 정체성을 말합니다.

예수님의 일차적 관심은 '그리스도인이 무엇을 하는 사람인가'보다는 '그리스도인은 누구인가'에 있습니다. 즉, 행동(doing)보다 존재(being)의 문제를 먼저 다룹니다. 이것이 기독교가 다른 종교와 차별되는 지점입니다. 세상은 항상 행위를 통해 존재가 형성된다고 생각합니다. 하지만 기독교는 존재를 먼저 강조합니다. 복음으로 형성된 존재를 통해 행위가 자연스럽게 흘러나옵니다. 그래서 예수님은 우리가 팔복을 통해 빛과 소금 같은 존재가 되기를 원하십니다.

마태복음 5장 17절부터 7장 12절까지는 본론입니다. '그리스도인들이 세상에서 어떻게 살아야 하는가'라는 윤리적 문제를 다룹니다. 예수님은 구약 율법을 요약하고, 그 정신을 재해석하여 성도들에게 윤리적 지침을 주십니다. 따라서 산상수훈은 예수님의 십계명 강해라고 할 수 있습니다.

마태복음 7장 13절부터 29절까지가 결론입니다. 앞에서 가르치신 산상수훈의 진리를 실천하라고 요청하십니다. 좁은 길과 넓은 길, 반석 위에 지은 집과 모래 위에 지은 집의 비유를 통해, 말씀을 듣고 행하는 것이 반석 위에 집을 짓는 것이라고 말씀하십니다. 좋은 말씀이라도 듣기만 하면 유익이 없고, 실천할 때 비로소 참된 복을 누릴 수 있음을 강조하십니다.

팔복은 예수님이 가르치신 행복론의 뿌리입니다. 팔복으로 내면이 형성된 사람은 진짜 행복할 수 있습니다.

진정한 행복이란?

팔복은 진정한 행복이 무엇인가를 알려줍니다. 예수님께서 가르치신 행복은 세상의 행복론과 완전히 다릅니다.

사람들은 부자가 행복하다고 말하지만, 예수님은 심령이 가난한 자가 행복하다고 하십니다. 사람들은 웃으면 복이 온다고 말하지만, 예수님은 애통하는 자가 복이 있다고 하십니다. 사람들은 배부르면 행복하다고 말하지만, 예수님은 의에 주리고 목마른 자가 행복하다고 하십니다.

세상이 바라보는 행복과 예수님이 바라보시는 행복의 기준이 다르기 때문입니다. 세상은 소유에 초점을 맞추지만, 예수님은 존재에 초점을 맞춥니다.

에릭 프롬은 그의 책 소유냐 존재냐에서 현대인의 행복론을 다룹니다. 에릭 프롬은 행복은 물질의 소유가 아니라 존재의 변화에서 비롯된다고 역설합니다. 존재에서 삶의 의미를 찾는다는 것은 성품 형성을 의미합니다. 성품이 형성되지 않으면 아무리 많은 것을 소유해도 진정한 행복을 느낄 수 없습니다.

사울의 삶과 다윗의 삶은 소유론적 삶과 존재론적 삶의 차이가 무엇인지 말합니다. 사울은 겸손하고 용맹하며, 지도력이 뛰어난 사람이었습니다. 그러나 왕이 되면서 그에게 주어진 명성과 부에 짓눌리기 시작했습니다. 하나님이 원하시는 성품으로 변화되지 않았기 때문입니다. 반면 다윗은 하나님의 마음에 합한 자로 평생 인정받았습니다. 다윗은 기름부음을 받은 후 20년 동안 광야의 도망자로 살면서 하나님의 성품으로 다듬어졌습니다. 그 결과 왕이 된 후에도 부와 명성에 압도되지 않았습니다.

노벨상 수상자 솔제니친은 "우리의 존재 이유는 부자가 되는 것이 아니라 성품을 발전시키는 데 있다"고 말했습니다. 하나님이 원하시는 성품을 만들기 위해 노력해야 합니다. 성품이 형성되면 하나님은 그 사람에게 축복을 아낌없이 부어주십니다.

성경을 보면 하나님이 축복하시는 사람들의 공통점이 있습니다. 그것은 바로 성품이 준비된 사람이었습니다.

75세에 부름받은 아브라함은 바다의 모래와 같은 많은 자손을 약속받았지만, 성품이 준비되기까지 25년을 기다려야 했습니다. 요셉도 어린 시절 꿈에서 약속을 받았으나, 실제로 애굽의 총리가 된 것은 30세 때였습니다. 보디발의 집과 감옥에서 연단과 깨어짐의 시간을 통과해야 했습니다. 모세의 인생은 3단계로 구분할 수 있습니다. 이집트의 왕자로 지냈던 초기 40년과 광야에서 양치기로 살았던 중기 40년 그리고 출애굽의 위대한 지도자로 살았던 후기 40년입니다. 모세는 광야 40년의 세월을 통해 성품이 형성된 후에야 위대한 지도자로 쓰임받을 수 있었습니다.

　하나님은 우리에게 많은 약속을 주셨습니다. 하지만 그 약속이 아직 성취되지 않은 이유는 우리가 그 약속을 받을 만한 성품의 그릇이 준비되지 않았기 때문입니다. 하나님의 관심은 우리의 성공이 아니라 우리의 성품입니다. 현재 나의 삶에 기다림과 고난이 있다면, 그것은 하나님께서 나의 성품을 다듬고 계신다는 신호입니다. 성품이 형성되면 하나님의 복이 쏟아지기 시작합니다.

하나님이 빚으시는 성품-팔복

그렇다면 하나님이 기뻐하시는 성품은 무엇일까요? 팔복이 빚어내는 성품입니다. 팔복의 성품은 인간의 타고난 성품과 근본적으로 다릅니다.

　그리스도인이 추구해야 하는 성품은 '좋은 사람'이 되는 것이 아닙니다. 예수님을 믿지 않는 사람들 중에서도 좋은 성품을 가진 이가 많습니다. 어떤 사람들은 태어날 때부터 부드럽고 온유한 기질을 타고났고, 상냥하고 친절한 사람들도 있습니다. 심지어 많은 구제를 할 정도로 착한 마음을 지닌 사람들도 있죠. 그러나 오늘 예수님께서 팔복을 통해 말

쓸하시는 성품은 이런 자연적인 성품이 아닙니다.

팔복에 등장하는 성품은 '심령이 가난한 성품, 애통하는 성품, 온유한 성품, 의에 주리고 목마른 성품'입니다. 인간이 스스로 개발할 수 있는 성품이 아닙니다.

팔복에서 말하는 성품은 하나님께서 우리에게 주셔야만 얻을 수 있는 성품입니다. 그리스도인의 성품은 교육이나 예절 교육을 통해 형성되는 것이 아닙니다. 좋은 가정환경에서 태어났거나 선한 유전적 기질을 물려받아서 훌륭한 성품을 가질 수 있지만, 이것이 하나님이 원하시는 성품은 아닙니다. 사람들의 눈에 가장 훌륭해 보이는 성품도, 팔복의 성품과는 완전히 다릅니다. 세상의 성품은 세상에서 훌륭하게 살아가는 데 중요한 역할을 할 수 있지만, 하나님의 나라 백성으로 살아내는 것에는 전혀 도움이 되지 않습니다.

전도하기 가장 어려운 사람이 누구인지 아십니까? 훌륭한 성품을 가졌다고 자부하는 사람들입니다. 자신을 몹쓸 인생이라 여기는 사람들은 오히려 쉽게 복음에 마음을 엽니다. 그러나 '법 없이도 살 사람'이라고 자부하는 사람들은 예수님을 믿기 어렵습니다. 교회에 와서도 자신의 인간적인 성품을 자랑하는 사람들은 하나님의 참된 은혜를 맛보지 못합니다.

하나님께서 요구하시는 것은 우리의 인간적인 성품이나

자질이 아닙니다. 하나님이 원하시는 성품은 하나님과의 깊고 친밀한 관계 속에서 형성됩니다. 오직 하나님과의 살아있는 관계를 통해 형성된 성품만이 참된 그리스도인의 성품입니다.

교회를 오래 다닌다고 해서 팔복의 성품이 형성되는 것이 아닙니다. 봉사를 많이 해도 이 성품이 생기지 않습니다. 오직 하나님과의 살아있는 관계에서만 형성됩니다. 날마다 하나님을 대면하여 삶의 자리에서 그분께 순종할 때 우리 안에 팔복의 성품이 형성되기 시작합니다.

성경 인물들의 성품 변화

베드로는 혈기가 왕성하고 충동적인 사람이었습니다. 베드로의 본명은 '갈대'라는 뜻의 시몬이었습니다. 하지만 예수님은 시몬에게 '바위'를 의미하는 베드로라는 별명을 주셨습니다. 주님의 손길은 시몬의 성품을 빚으셔서 베드로의 성품으로 변화시켰습니다. 베드로는 감정과 상황에 따라 요동치던 인간적인 성품을 버리고, 진리를 위해 기꺼이 십자가에 거꾸로 매달려 죽는 반석이 되었습니다.

모세는 다혈질이었습니다. 애굽의 왕자로 살던 어느날,

그는 동족 이스라엘 백성이 애굽 사람에게 맞는 것을 보고, 혈기를 참지 못하고 그 자리에서 애굽 사람을 쳐 죽였습니다. 하지만 하나님께서는 나중에 모세를 가리켜 "이 사람 모세는 그 온유함이 지면의 모든 사람보다 승하더라"라고 하셨습니다. 온유와 거리가 멀어 보이던 사람이 세상에서 가장 온유한 사람으로 변화된 것입니다.

바울도 교만한 사람이었습니다. 그는 자신을 "율법의 의로는 흠이 없는 자"라고 할 만큼 완벽한 사람이라 여겼습니다. 그러나 사울이 바울로 변화된 후, 노년에 쓴 최후의 서신에서 "나는 죄인 중의 괴수"라고 말할 정도로 겸손한 사람이 되었습니다.

이처럼 성경의 인물들이 완전히 변화된 성품을 가질 수 있었던 이유는 살아 계신 하나님과의 생생한 관계를 경험했기 때문입니다. 더 정확하게 말하면 팔복 그 자체이신 예수님을 만났기 때문에 예수님을 닮아간 것입니다.

팔복의 구조

팔복은 예수님의 성품을 완벽하게 묘사하고 있습니다. 팔복의 성품을 완전히 가지신 분은 오직 예수님뿐입니다. 예수님은 심령이 가난하시고, 애통하시며, 온유하시고, 의에 주리고 목마르셨습니다.

또한 긍휼히 여기시고, 마음이 청결하시며, 화평케 하시는 분이십니다. 의를 위해 핍박을 받으셨습니다. 팔복은 예수님의 성품을 그대로 옮겨 놓은 것입니다.

그렇다면 우리가 예수님을 닮을 수 있는 가장 확실한 길은 무엇일까요? 팔복을 추구하고 실천하는 것입니다. 예수님을 닮으려면, 팔복의 가르침을 따라 사는 것이 최선의 길입니다. 팔복의 성품은 각각 독립적으로 취할 수 있는 것이 아닙니다. 이 여덟 가지 성품은 한 인격이 드러내는 조화로운 성품의 모습입니다. 심령이 가난하면서 애통하지 않을 수 없고, 온유하면서 의에 주리지 않을 수 없습니다. 성도의 삶에는 이 여덟 가지 성품이 모두 나타나야 합니다.

팔복의 여덟 가지 순서는 아무렇게 나열된 것이 아닙니다. 하나님의 손에서 다듬어지는 인격적 변화의 순서를 보여줍니다. 마치 8층으로 된 집과 같아서, 1층을 통과하지 않으면 2층으로 올라갈 수 없습니다. 심령이 가난하지 않으면 애통할 수 없고, 애통해야 온유한 자가 될 수 있습니다. 온유해야만 의에 주리고 목마를 수 있습니다. 의에 주리고 목마른 자만이 긍휼히 여길 수 있고, 긍휼히 여기는 사람만이 마음이 청결해집니다. 이 과정은 순서대로 진행됩니다. 어느 날 갑자기 온유한 자가 되고 싶다고 말할 수 없습니다. 먼저 심령이 가난해져야 하고, 하나님 앞에서 애통할 때 비로소 온유해집니다.

전반부와 후반부의 상관관계

재미있는 점은 팔복의 전반부 네 가지 복과 후반부 네 가지 복이 상호 밀접하게 연결되어 있다는 것입니다. 전반부의 네 가지 복은 하나님과의 관계 속에서 형성되는 성품이고, 후반부 네 가지 복은 인간과의 관계 속에서 나타나는 성품입니다.

심령이 가난한 성품, 애통하는 성품, 온유한 성품, 의에 주리고 목마른 성품은 철저히 하나님 앞에서 형성됩니다. 사람 앞에서 심령이 가난해질 수는 없습니다. 세상적으로 가난한 감정은 권력자나 부유한 사람을 볼 때 느끼는 박탈감일 뿐, 심령의 가난함은 아닙니다. 또한 인간 앞에서 애통할 수 없습니다. 진정한 애통은 하나님의 빛으로 자신을 보는 사람만이 가질 수 있는 정서입니다. 의에 주리고 목마른 마음도 오직 하나님의 거룩하심 앞에 서는 사람만이 경험할 수 있는 상태입니다.

전반부 네 가지 성품은 날마다 기도와 말씀 속에서 투명하게 하나님 앞에 설 때 형성됩니다.

하나님과의 관계에서 4가지 성품이 형성되면 자연스럽게 사람들과의 관계 속에서 그 성품을 표현하게 됩니다. 사람들을 긍휼히 여기고, 마음의 깨끗함을 보여주며, 불화가 가득한 세상에서 화평케 하는 자로 살아갑니다. 그리고 의를 위하여 주리고 목마르던 사람은 이제 의를 위해 핍박받는 자리까지 나아갑니다.

재미있는 것은 전반부의 네 가지 복과 후반부의 네 가지 복이 상호 연관되어 있다는 점입니다. 심령이 가난한 사람만이 긍휼히 여기는 삶을 살 수 있고, 애통하는 사람만이 마음이 청결해집니다. 온유한 사람만이 화평케 하는 자가 될 수 있고, 의에 주리고 목마른 사람만이 의를 위하여 핍박받을 수 있습니다.

결론

기독교 신앙은 하나님 앞에 홀로 서는 삶과 이웃과 더불어 사는 삶의 조화 속에서 형성됩니다. 홀로 하나님 앞에 잠잠히 서는 사람은 팔복의 전반부 네 가지 복을 누리게 됩니다.

하나님 앞에서 내면의 성품을 형성한 사람은 이제 이웃과 더불어 살아가는 삶을 아름답게 펼쳐낼 수 있습니다.

예수님은 이 세상에 오셔서 깃털 같은 삶을 살지 않으셨습니다. 그분은 스스로를 "보냄을 받은 자"라고 불렀습니다. 생의 목적과 방향이 선명했고, 한 번도 그 길에서 이탈하신 적이 없습니다. 예수님의 인격 안에 하나님이 주신 성품이 날마다 새롭게 형성되었기 때문입니다. 예수님께서는 하나님과 홀로 대면하는 것과 이웃과 더불어 사는 삶을 가장 균형있게 살아내셨기 때문입니다.

예수님은 항상 새벽 미명에 홀로 광야와 산에 가셔서 하나님과 독대하셨습니다. 그리고 해가 뜨면 군중 속으로 들어가셔서 홀로 있던 시간에 형성된 하나님의 성품을 발휘하셨습니다.

홀로 기도하는 시간 없이는 팔복의 성품을 가질 수 없습니다. 깊고 투명한 하나님과의 관계 속에서 하나님의 성품으로 빚어진 사람만이 세상 속에서 하나님의 성품을 드러내며 살아갈 수 있습니다. 그리스도인은 빛을 스스로 발하는 존재가 아니라, 빛을 전달하는 존재입니다.

☑ 깃털 같은 인생이 아닌 반석 같은 인생을 살아가십시오.

그리스도인은 목적 없이 떠도는 깃털 같은 삶이 아니라, 변함없는 진리 위에 뿌리를 내린 반석 같은 인생을 살아야 합니다. 예수님의 가르침인 산상수훈이 우리 삶의 기준이 되어야 합니다.

☑ 행동보다 존재가 먼저입니다. 하나님과의 관계에서 성품이 형성됩니다.

예수님은 우리가 무엇을 하는가보다 누구인가를 먼저 보십니다. 팔복은 그리스도인이 하나님과의 깊은 관계 속에서 형성된 성품으로 빚어져야 함을 강조합니다. 진정한 행복이 여기서 비롯됩니다.

☑ 세상의 행복과는 다른 하나님 나라의 복을 추구하십시오.

세상은 소유와 성공을 행복의 기준으로 삼지만, 예수님은 심령이 가난하고 의에 주리고 목마른 자가 복되다고 하십니다. 진정한 행복은 외적 성취가 아니라 내면의 성숙에서 옵니다.

☑ 팔복은 그리스도인의 성품을 완성하는 길입니다.

팔복의 여덟 가지 성품은 그리스도인이 추구해야 할 영적 덕목이며, 이 성품들은 하나님과 사람 사이에서 조화롭게 발현되어야 합니다. 이는 예수님을 닮아가는 구체적인 길입니다.

☑ 하나님의 손길로 빚어진 성품이 진정한 축복을 받는 자격을 만듭니다.

하나님은 성품이 다듬어진 사람에게 축복을 주십니다. 기다림과 고난을 통해 우리를 빚으시며, 성품이 성숙될 때 비로소 하나님의 참된 복을 누리게 됩니다.

행복, 다시 정의하다

1. 예수님께서 가르치신 "반석 같은 인생"은 확고한 진리 위에 서는 삶인데, 나는 세상의 흐름에 휩쓸리지 않고 하나님 말씀을 내 삶의 기준으로 삼고 있습니까?

2. "행동보다 존재"가 중요하다는 예수님의 가르침에 비추어 볼 때 내 신앙의 행동은 하나님과의 깊은 관계에서 자연스럽게 흘러나오고 있나요?

3. 세상은 성공과 소유를 행복의 기준으로 삼지만, 예수님은 "심령이 가난한 자"가 복이 있다고 하셨습니다. 나는 물질적 소유보다 내 내면의 성숙에 더 큰 가치를 두고 있나요?

4. 팔복의 성품은 하나님과의 관계 속에서 형성된다고 했을 때, 나는 일상에서 하나님과의 관계를 어떻게 더 깊이 형성하고 있나요?

5. 하나님은 성품이 준비된 자에게 복을 주신다고 하셨는데, 나는 현재의 고난과 기다림 속에서 하나님이 나를 어떻게 빚어 가고 있다고 생각하나요?

1장_ 팔복에 담으신 그리스도인의 행복론

◁◀◆▶▷

진정한
행복의 시작

심령이 가난한 자는 복이 있나니

천국이 그들의 것임이요

__ 마태복음 5:3

"심령이 가난한 자는, 하나님의 은혜 없이는 자신이 아무것도 아니라는 사실을 깨닫고 고백하는 자들이다. 그들이야말로 하나님의 영광을 구하고, 그분의 은혜에 의지하는 자들이다."

존 칼빈(John Calvin)

"심령이 가난한 자란, 자신의 영혼을 하나님께로 향하는 자들이다. 그들은 이 세상의 재물과 자랑이 아닌, 하나님 안에서 참된 부를 찾는다."

어거스틴(Augustine of Hippo)

"심령이 가난한 자는 자신의 무가치함을 깨달아야 한다. 오직 그런 자들만이 하나님의 은혜와 구원을 진정으로 갈망하게 된다."

마틴 루터(Martin Luther)

"심령의 가난함이란, 영적 교만에서 벗어나 하나님께 전적으로 의지하는 마음을 의미한다. 이것이야말로 천국을 소유할 수 있는 마음가짐이다."

존 웨슬리(John Wesley)

"심령이 가난한 자는, 자신의 빈곤함을 알고 하나님의 풍성한 은혜를 구하는 자들이다. 그들은 주님의 발 앞에서만 모든 것이 충만해짐을 경험한다."

찰스 스펄전(Charles Spurgeon)

하나님의 복에 대한 안목을 가져야 한다

예수님은 진정한 행복은 내면의 변화에 있음을 말씀하십니다. 팔복은 놀라운 역설을 우리에게 가르쳐 줍니다.

세상은 가난함을 불행이라고 말하는데 성경은 가난함이 천국의 부요함을 누리는 열쇠라고 말합니다. 세상에서 애통함은 슬픔의 극한적 표현이지만 성경은 애통하는 자가 위로를 누린다고 말합니다. 세상은 온유한 자로 살면 손해 볼 것이라고 경고하지만 성경은 온유한 자가 결국 땅을 빼앗을 것이라 약속합니다. 세상은 주리고 목마름을 결핍이라고 하지만 성경은 그것이 진정한 만족에 이르는 비결이라 합니다.

기독교인은 세상이 말하는 행복과 성경이 말하는 행복이 얼마나 다른지를 깨달아야 합니다. 하나님이 주시는 복에 대한 안목을 가져야 합니다. 세상은 세속적 가치를 많이 소유한 것이 행복이라 정의합니다. 하지만 성경은 영적으로 충만한 상태를 행복으로 정의합니다.

심령이 가난한 사람은 복 있는 사람입니다

왜 '심령의 가난함'이 팔복에서 가장 먼저 등장하고 있을까요? 주님의 숨은 의도가 있습니다. 팔복은 각각 떨어져 있는 8개의 복이 아닙니다. 팔복은 성품의 변화라는 단 하나의 복이며 점진적 구조를 가지고 있습니다. 심령이 가난해야 애통할 수 있고 애통해야 온유해지고 온유해야 의에 주리고 목마르게 됩니다.

처음 4가지 복은 하나님과의 관계에서 성도가 누리는 내면의 변화입니다. 하나님과의 관계를 드러내는 전반부 4가지 복은 이웃과의 관계에서 나타나는 후반부 4가지 복과 연결됩니다. 그리스도인의 행복은 하나님과의 관계와 이웃과의 관계에서 어떤 마음을 가지며 사는가와 직결되어 있습니다.

신앙생활은 하나님과의 관계가 좋아야 합니다. 동시에 이웃과의 관계도 좋아야 합니다. 만약 하나님과 관계는 좋지만 이웃과의 관계가 좋지 않다면 건강한 신앙이라 할 수 없을 것입니다. 마찬가지로 이웃과의 관계는 좋은데 하나님과의 관계가 좋지 않아도 신앙생활을 잘한다고 할 수 없습니다. 그런 점에서 심령의 가난함은 행복한 사람이 되는 첫 번째 계단입니다.

우리 중 그 누구도 심령이 가난하지 않고는 행복의 자리로 들어갈 수 없습니다. 5장 3절을 보면 "심령이 가난한 자는 복이 있나니 천국이 그들의 것임이요"라고 합니다. 오늘

이 땅에 임한 하나님의 나라를 누리는 사람과 누리지 못하는 사람을 구분하는 기준은 '심령의 가난함'입니다.

충북 옥천에 있는 수생식물학습원을 방문한 적이 있습니다. 넓은 대청호가 한눈에 들어오는 천국의 정원 같은 곳입니다. 정원에 들어가려면 가장 먼저 '좁은 문'을 통과해야 합니다. 말 그대로 좁고 낮은 문이었습니다. 좁은 문을 들어가려면 허리를 굽히고 고개를 숙여야 합니다. 허리를 굽히고 고개를 숙이지 않으면 누구도 들어갈 수 없습니다. 수생식물학습원에서 만난 좁은 문은 심령이 가난한 자가 천국을 누린다는 것의 의미를 정확하게 알려줍니다. 하나님 앞에 겸손한 내면을 가진 사람만이 천국의 아름다운 세계를 경험할 수 있습니다.

우리는 그리스도인과 비그리스도인을 구분하는 기준을 '믿음'이라 생각합니다. 그렇다면 왜 주님께서는 '믿음을 가진 자는 복이 있나니 천국이 저희 것임이요'라고 하지 않았을까요? 주님은 지금 믿음의 정확한 의미를 팔복을 통해 정의하고 있습니다. 믿음을 가진 자의 내적 변화를 팔복으로 섬세하게 그려 내고 있습니다.

팔복은 '영혼의 엑스레이'입니다. 엑스레이는 X선을 인체에 투과해 인체의 내부를 보게 합니다. 마찬가지로 팔복의 엑스레이를 찍으면 영혼 상태를 알 수 있습니다. 말씀의 엑스레이를 통과한 후에 우리는 심령이 가난하다는 판독을 받아야 합니다. 이런 판독을 하나님께로부터 받은 사람이 행복한 사람입니다.

자기 비움이 참된 믿음입니다

참된 믿음을 가진 영혼의 특징이 있습니다. 자기를 비운 사람입니다. 자기를 비운 사람은 마음이 가난해져 있는 사람입니다. 심령이 가난해진다는 것은 '자기 비움의 상태'가 되었음을 의미합니다.

주님께서 심령의 가난함을 가장 먼저 말씀하신 이유가 있습니다. 누구든지 자기를 비우지 않으면 하나님의 은혜로 채울 수 없기 때문입니다. 오늘날 사람들이 하나님의 축복을 누리지 못하는 이유는 너무나 분명합니다. 행복을 위해 갈망하는 것들이 내면 세계를 가득 채우고 있어서 하나님께서 주시고자 하는 하늘의 복이 들어설 공간이 없기 때문입니다.

우리는 스스로 채우며 사는 것을 행복이라 생각합니다. 그래서 사람들은 태어나면서부터 죽을 때까지 무엇인가를 채우며 살아갑니다. 지식을 채웁니다. 통장의 잔고를 채웁니다. 이력서에 쓸 경력을 채웁니다. 자기가 원하는 것을 충분히 채우면 마음은 자기 자랑으로 충만합니다. 반대로 자기가 원하는 것을 채우지 못하면 마음은 염려로 가득합니다. 자랑과 염려가 가득하면 인간의 마음은 불안해집니다. 그래서 팔복은 자기를 비운 사람이 행복한 사람이라고 말합니다.

땅의 것을 가득 채운 사람은 하늘의 것을 채우지 못합니다. 하늘의 것을 채울 공간이 없어서 그렇습니다. 그래서 예수님은 팔복의 첫 번째 말씀으로 자기를 비우라고 하십니다.

기독교인은 세상 것으로 채우려 하지 말고 자기를 비워야 합니다. 하나님이 주시는 하늘 복을 언제든지 채울 수 있도록 빈 마음을 준비해야 합니다.

예수님의 초대는 언제나 응해야 합니다

예수님은 심령의 가난함이 얼마나 중요한지를 한 가지 비유로 가르치셨습니다. 누가복음 14장의 혼인 잔치 비유입니다.

한 부자가 큰 잔치를 배설합니다. 천문학적인 비용을 투자하여 마을 사람들을 위해 최고의 축제를 준비합니다. 부자가 종을 보내어 사람들을 초대합니다. 초대 받은 사람이 이렇게 응답합니다. "다 일치하게 사양하여 한 사람은 이르되 나는 밭을 샀으매 아무래도 가 보아야 하겠으니 나를 양해

하도록 하라 하고 또 한 사람은 이르되 나는 소 다섯 겨리를 샀으매 시험하러 가니 청컨대 나를 양해하도록 하라 하고 또 한 사람은 이르되 나는 장가들었으니 그러므로 가지 못하겠노라 하는지라"(눅 14:18-20).

초대받은 사람들은 하나같이 부자의 초대를 거절합니다. 잔치에 참여하기를 거절하는 사람들의 문제점은 무엇입니까? 밭을 가진 것, 소를 소유한 것, 장가를 간 것이 아닙니다. 그들의 마음을 선점하고 있는 무엇인가에 의해 마음을 온통 빼앗겨 부자의 초대에 응할 마음의 공간이 없습니다.

이것이 현대인들의 문제입니다. 오늘날에도 우리 영혼의 주인이신 주님이 우리를 하늘나라 잔치에 초대하십니다. 우리는 초대에 응할 마음의 공간이 있습니까? 우리의 마음이 세상 염려와 세상 자랑으로 가득 채워져 있으면 주님의 초대에 반응할 수 없습니다. 하나님 나라의 초대장을 받으면 즉시 응답할 수 있는 사람이어야 합니다. 주님의 초대에 언제든 응할 수 있는 가난한 마음으로 세팅되어 있어야 합니다.

심령의 가난함을 갖는 비결을 가져야 합니다

주님의 초대에 응하려면 심령이 가난해야 합니다. 심령이 가난하려면 삶의 우선순위가 주님이어야 합니다. 기독교인의 삶에서 우선순위는 이 세상의 그 어떤 것도 아닙니다. 우리에게는 이 세상의 어떤 것도 인생의 궁극적인 목표가 될 수 없습니다. 성공하는 것, 돈을 버는 것, 봉사하는 것, 가족을 사랑하는 것이 인생의 목적이 되면 안 됩니다. 우리의 궁극적인 목표는 하나님의 나라를 누리고 그 나라를 확장하는 것입니다.

심령의 가난함은 결코 물질적인 무소유를 말하는 것이 아닙니다. 심령이란 말은 헬라어 '프뉴마'입니다. '프뉴마'는 성령을 상징하기도 하고 인간의 '영'을 상징하기도 합니다. 영이란 하나님과 관계 맺는 인간존재의 중심성이라고 할 수 있습니다. 심령이 가난하다는 것은 우리 마음의 중심을 하나님이 거하실 공간으로 늘 준비하라는 뜻입니다.

심령의 가난함에 이르러야 합니다

우리 마음의 중심이 하나님께서 거하실 공간이 되기 위해서 반드시 깨달아야 하는 것이 있습니다. 우리는 하나님의 은혜 없이는 스스로 설 수 없는 인생임을 자각하는 것입니다.

'가난하다'는 헬라어로 두 가지 단어가 있습니다. '프토코스'와 '페네스'입니다.

'프토코스'의 가난은 절대적 가난입니다. '페네스'의 가난은 상대적 가난입니다. '프토코스'의 가난은 파산에 처한 가난입니다. 거지의 가난입니다. 반면 '페네스'의 가난은 하루를 근근이 먹고사는 노동자의 가난입니다. '프토코스'의 가난은 절대적 파산 상태이기 때문에 결코 자신의 힘으로 살수 없습니다. 철저하게 외부의 힘에 의존할 수밖에 없습니다. 오늘 주님께서 심령이 가난한 자라고 하셨을 때 '프토코스'와 '페네스' 중에 어떤 단어를 사용하셨을까요? '프토코스'의 가난입니다.

누가복음 16장에 유명한 '부자와 거지 나사로' 이야기가 등장합니다. 부자는 지옥에 갔습니다. 부자가 지옥에 간 이유는 분명합니다. 그는 쾌락을 즐기며 나사로를 돌보지 않았습니다. 그 비유 어디에도 부자가 하나님을 믿었다는 말이 없습니다. 하나님을 믿지 않았으므로 당연히 지옥에 갔습니다.

반면 부자의 집에서 평생 구걸하며 살던 거지 나사로는 천국에 갔습니다. 여기서 의문점은 왜 나사로가 천국에 갔는지 설명이 없다는 것입니다. 성경에는 나사로는 죽은 후에 곧바로 천사들에 받들려 아브라함의 품에 안겼다고 합니다. 그가 아브라함의 품에 안긴 이유가 무엇일까요?

나사로라는 이름의 뜻에 해답이 있습니다. 이 비유는 유일하게 등장인물의 이름이 나오기에 유념해서 그 이유를 살펴봐야 합니다. 주님께서 거지의 이름에 나사로라는 이름을 붙인 특별한 이유가 있다는 암시이기 때문입니다.

'나사로'는 '하나님은 나의 도움이시다'라는 뜻입니다. 나사로는 어떤 사람이었을까요? 나사로는 이 땅을 살아갈 때, 오직 하나님의 은혜만을 의지하는 사람입니다. 돈과 명예와 사람이 주는 도움이 아니라 오직 하나님이 주시는 도움만을 바라보는 사람입니다. '심령이 가난한 사람'입니다. 오늘 성경은 나사로를 통해 우리에게 심령이 가난한 사람만이 천국을 누리게 된다는 것을 알려줍니다.

나사로 같은 기독교인은 세상의 모든 것을 가지고 있어도 하나님의 은혜를 향한 타는 목마름으로 주님 앞에 날마다 서는 사람입니다. 동시에 가진 것 없어도 주님께서 주시는 은혜가 있기에 절대로 낙심하지 않고 "하나님만이 나의 도움이시다"라고 고백하는 인생입니다. 심령이 가난한 사람이 되려면 나사로와 같은 사람이 되어야 합니다. 나사로처럼 하나님의 은혜를 향한 타는 목마름을 가져야 합니다. 세상 것에는 미천해도 주님께서 주실 은혜를 믿고 사는 사람입니다.

심령이 가난한 사람은 '일용할 양식'을 위하여 기도합니다. '주기도문'을 통해 예수께서 우리에게 가르쳐 주신 기도가 있습니다.

"오늘날 우리에게 일용할 양식을 주옵소서"라는 기도입니다. '일용할 양식'이란 '그날 하루 필요한 양식'입니다. 우리는 하루를 시작할 때마다 "하나님, 오늘 나에게 필요한 하루의 양식을 주옵소서"라고 기도해야 합니다.

일용할 양식은 하루의 삶을 최상으로 살 수 있는 모든 자원과 능력들을 의미합니다. 지혜와 건강과 안전과 평안과 사랑과 기쁨의 종합적인 인생의 자원들이 일용할 양식에 포함되어 있습니다. 종합적인 인생의 자원들이 일용할 양식 안에 담겨 있기 때문에 예수님은 일용할 양식을 위하여 날마다 기도하라고 하신 것입니다.

우리가 주님으로부터 일용할 양식을 공급받고 살겠다고 하면 심령이 가난한 사람이 됩니다. 하늘의 양식으로 공급받아 신앙생활과 세상의 삶을 최고로 살게 됩니다.

하나님의 은혜로만 살 수 있는 존재임을 깨달아야 합니다

오늘날의 심리학은 팔복에서 말씀하는 심령이 가난한 마음을 종교가 만들어 낸 '심리적 질병'이라고 진단합니다. 종교는 인간 안에 있는 무한한 잠재력을 무시하고, 무력한 인간으로 전락시킨다고 생각합니다. 그래서 세상은 자기 사랑, 자기 실력, 자기 의, 자아실현, 자기 존중, 자기 배경으로 충만한 사람을 좋아합니다.

인터넷 검색에 '심령이 가난한 자'라고 치니 어떤 분이 이렇게 정의를 내립니다. "심령이 가난한 자는 말 그대로 심령이 부실하고 허약한 사람, 심령이 부실하니 오래 못 살고 곧 죽음에 임박한 사람이다. 그러니 곧 죽어서 천국 간다는 뜻이 아니겠는가? 한마디로 심령이 가난한 사람은 내면이 허약해 빠진 사람이다." 이것은 믿지 않는 분이 바라보는 시각일 것입니다.

정말 그렇습니까? 전혀 그렇지 않습니다. 기독교인은 하나님이라는 절대자 앞에 서 보았기 때문에 인생의 실체를 깨달은 사람입니다. 앞의 정의를 내린 사람은 교만한 사람입니다. 겸손이라고는 털끝만큼도 찾아볼 수 없습니다. 사람이란 본디 하나님 앞에 서 보기 전에는 결코 겸손해질 수 없습니다. 하나님의 빛 앞에 설 때 비로소 인간은 스스로의 힘으로 사는 존재가 아님을 압니다. 하나님의 은혜로만 살 수 있는 존재라는 것을 깨닫습니다.

동네 '조기축구회'도 포지션 경쟁이 치열합니다. 모두가 스트라이커를 하겠다고 합니다. 실력이 고만고만하니까 모두가 자신감으로 충만하고 은근한 경쟁심이 있습니다. 어느 날 조기축구회에 월드클래스 손흥민 선수가 왔다고 상상해 보세요. 그 앞에서 감히 내가 스트라이커를 하겠다고 나설 사람이 있겠습니까? 그냥 숨죽이고 겸손하게 지시하는 대로 움직일 것입니다.

사람들은 항상 다른 사람들과 비교해서 자신의 것을 자랑합니다. 나는 다른 사람보다 더 지혜롭다고 생각합니다. 나는 다른 사람보다 더 도덕적이라고 생각합니다. 나는 다른 사람보다 더 능력이 있다고 생각합니다.

절대 선이신 하나님 앞에 서면, 자신의 지혜와 능력이 아무것도 아님을 자각합니다. 하나님의 지혜 앞에서 서면, 자신의 무지함과 어리석음을 깨닫습니다. 하나님의 거룩하심 앞에 서면, 자신의 이기적인 성품과 죄악이 낱낱이 드러납니다. 하나님의 전능하심 앞에 서면, 자신의 무력함을 보게 됩니다.

우리는 하루를 살더라도 교만하게 살지 않아야 합니다. 겸손하게 하나님의 은혜를 구하며 인생을 살아야 합니다. 자기 의, 자아실현, 자기 존중, 자기 배경으로 살지 않아야 합니다. 도리어 하나님의 은혜로만 살 수 있다고 고백하며 살아야 합니다. 그런 삶이 천국을 누리는 열쇠가 됩니다.

심령이 가난한 사람은 오늘 천국을 소유합니다

마태복음 5장 3절을 보면 "심령이 가난한 자는 복이 있나니 천국이 그들의 것임이요"라고 약속하십니다. 기독교인의 삶이란 인터넷의 글처럼 '비실비실하게' 이 땅에서 살다가 겨우 천국 가는 모습이 아닙니다. 하나님 앞에서 자신의 한계를 인정하고 겸손하게 그분의 통치 아래 엎드리며 사는 것입니다.

하나님의 통치를 갈망하며 사는 인생에는 어떤 일이 벌어집니까? 천국이 임합니다. 하나님의 나라를 경험하게 됩니다. 세상이 절대로 줄 수 없는 풍성함과 부요함을 누리게 됩니다.

예수님께서 "천국이 너희 것이다"라고 하신 뜻은 '죽은 후에 천국에 갈 것이다'는 뜻이 아닙니다. 마태복음에서 천국은 '하나님 나라'를 의미합니다. 그런데 예수님께서 말씀하신 하나님의 나라는 죽은 후에 가는 내세의 천국을 의미하지 않습니다. 지금 세상에서 하나님의 통치를 받는 삶입니다.

예수님은 "회개하라. 천국에 갈 것이다"라고 하지 않고 "회개하라. 천국이 가까이 왔느니라"(마 3:2)고 하셨습니다. 원어성경을 따라 정확하게 번역하면 "천국이 왔다. 그러므로 회개하라"는 뜻입니다.

이 땅에서, 누가 천국을 누리는 사람입니까? 심령이 가난한 사람입니다. 날마다 자신의 빈곤함과 한계를 인정하는 사람입니다. 겸손하게 하나님의 도우심을 구하는 사람입니다. 이런 사람에게 하나님은 마음속에 천국을 경험하게 하십니다.

예수님께서도 요한복음 10장 10절에 이렇게 말씀합니다. "내가 온 것은 양으로 생명을 얻게 하고 더 풍성히 얻게 하려는 것이라." 로마서 14장 17절에 이렇게 말씀합니다. "하나님의 나라는 먹는 것과 마시는 것이 아니요 오직 성령 안에서 누리는 의와 평강과 희락이다." 그 마음에 자기가 아니라 성령이 충만한 사람, 세상적인 도움이 아니라 하나님으로부터 오는 도움을 바라보는 사람은 이미 이 땅에서 천국을 사는 사람입니다. 그러므로 우리는 심령이 가난한 사람이 돼야 합니다. 매일 심령이 가난한 사람이 되기 위해 기도해야 합니다.

갈증 해갈을 갈망하지 말고 하나님을 갈망해야 합니다

'에리식톤 콤플렉스'라는 말이 있습니다. 에리식톤은 고대 그리스 테실리아의 왕입니다. 그는 신들을 경멸할 정도로 오만한 왕입니다. 동시에 강렬한 욕망의 소유자입니다. 어느

날 그는 대지의 여신이 너무나 아끼는 신의 나무를 소유하고 싶었습니다. 그는 자신을 위한 화려한 연회장을 만들기 위해 도끼로 신의 나무를 벴습니다.

노여움에 찬 여신이 에릭식톤에게 저주를 내립니다. 배고픔의 저주였습니다. 아무리 먹어도 채워지지 않는 허기와 갈증입니다. 에릭식톤은 멈추지 않는 식욕을 채우기 위해 가산을 탕진합니다. 아내와 자녀들마저 식량을 위해 팔아넘깁니다. 종국에는 채워지지 않는 배고픔을 채우기 위해 자신의 육체까지 먹어 치우는 욕망의 화신으로 생을 마감합니다.

에릭식톤 콤플렉스는 현대 자본주의 사회에서 물질을 소유해도 채워지지 않는 인간의 잘못된 갈망을 상징합니다. 우리나라가 국민소득 1만 달러, 2만 달러, 3만 달러를 넘어 4만 달러를 바라보고 있지만 현대인은 더 깊은 허기와 목마름을 느끼며 살아갑니다. 채워지지 않는 욕망으로 결국 자신의 삶을 갉아먹기만 합니다. 결핍과 목마름을 채우려는 인간의 결말은 운명의 비참함입니다. 이런 사람에게 필요한 것이 바로 팔복의 첫 번째 복입니다.

"심령이 가난한 자"가 되는 것입니다. 심령이 가난한 자가 되어 채워도 채워지지 않는 세상 것이 아닌 하나님을 갈망해야 합니다. 그리고 하나님으로 가득 채워야 합니다.

자신의 욕망을 충족하기 위해 신의 나무를 베었던 에리식톤처럼 산다고 우리의 콤플렉스는 해결되지 않습니다. 도리어 자기를 비워 심령이 가난해질 때 우리의 콤플렉스는 해결됩니다. 신의 나무를 소유하려고 했던 에리식톤이나 신의 나무에 달린 선악과를 탐했던 아담과 하와처럼 채울 수 없는 것을 갈망하면 안 됩니다. 우리의 영혼에 참된 만족을 주시는 분은 나무에 달려 우리를 대신하여 저주를 받으신 예수 그리스도밖에 없습니다. 그분만이 생명의 떡이며 영혼의 생수입니다.

☑ 하나님의 복은 세상의 기준과 다르며, 내면의 변화에서 진정한 행복이 시작됩니다.

세상은 소유와 외적 성공을 행복의 기준으로 삼지만, 예수님은 "심령이 가난한 자"가 천국을 누릴 자격이 있다고 말씀하시며, 내면의 가난과 겸손이 진정한 복임을 가르치십니다.

☑ 심령의 가난함은 진정한 복을 누리는 첫 번째 계단입니다.

팔복은 점진적인 성품의 변화를 보여주며, 심령이 가난해지지 않으면 애통할 수 없고, 애통해야 온유해질 수 있습니다. 진정한 행복의 시작은 자신을 비우고 하나님을 의지하는 데서 시작됩니다.

☑ 자기 비움은 하나님께서 일하실 공간을 만드는 것이며, 진정한 믿음은 이 비움에서 시작됩니다.

마음을 세상의 욕망으로 채우면 하나님의 은혜를 담을 수 없기에, 우리는 자기를 비우고 하나님께서 채워주실 은혜를 기대하며 살아야 합니다.

☑ 하나님께서 주시는 초대에 응하려면 마음의 우선순위를 하나님께 두어야 합니다.

혼인 잔치 비유에서처럼, 우리의 마음이 세상일들로 가득 차 있다면 하나님의 초대에 응할 수 없으니, 심령의 가난함을 통해 언제든 하나님의 부르심에 반응할 준비를 해야 합니다.

☑ 심령이 가난한 사람은 하나님을 갈망하며, 그 갈망은 이 땅에서 이미 천국을 경험하게 합니다.

심령이 가난한 사람은 매일 하나님께 의지하고 하늘의 양식을 구하며, 그 과정에서 이 땅에서도 천국의 풍성함을 누리며 살게 됩니다.

행복, 다시 정의하다

1. "심령이 가난한 자는 복이 있나니"라는 말씀처럼, 나는 내 삶에서 무엇으로 마음을 채우고 있으며, 하나님께 더 많은 공간을 내어드리기 위해 비워야 할 것은 무엇입니까?

2. 팔복이 내면의 성품 변화를 통해 참된 행복을 약속한다면, 나는 내 삶에서 하나님의 말씀을 통해 매일 어떤 변화를 경험하고 있습니까?

3. "자기를 비우면 하나님의 은혜로 채워진다"는 설교의 가르침을 따라, 나는 나의 자랑과 염려를 내려놓고 하나님을 의지하는 훈련을 어떻게 실천할 수 있을까요?

4. 하나님께서 내 삶을 초대하실 때, 나는 세상의 일들로 분주해 그 부르심을 놓치고 있지는 않나요? 하나님께 더 잘 응답할 수 있는 방법은 무엇일까요?

5. "하나님만이 나의 도움이시다"라는 나사로의 고백처럼, 나는 매일 하나님을 향한 갈망을 어떻게 키워 가고 있으며, 그 갈망이 내 삶의 선택과 행동에 어떻게 나타나고 있습니까?

2장_심령의 가난 진정한 행복의 시작

◁ ◂◈▸ ▷

눈물 속에
숨은 기쁨

애통하는 자는 복이 있나니

그들이 위로를 받을 것임이요

＿ 마태복음 5:4

"애통하는 자는 그리스도와 함께 애통하는 자이다. 이들은 자신을 위해서만 슬퍼하는 것이 아니라, 세상의 죄와 불의에 대해 슬퍼하며, 하나님의 의가 이루어지기를 간절히 바라는 사람들이다."

디트리히 본회퍼(Dietrich Bonhoeffer)

"애통하는 자란 자신의 영적 상태를 직시하는 사람이다. 이들은 자기 자신과 세상의 타락에 대해 슬퍼하며, 하나님의 은혜를 통해 새롭게 되기를 갈망한다."

존 스토트(John Stott)

"참된 애통은 세상의 슬픔이 아니라, 하나님 앞에서 자신의 죄를 깨닫고 그 죄에 대해 슬퍼하는 마음이다. 이는 우리를 은혜로 인도하고, 하나님의 자비를 경험하게 한다."

마틴 루터(Martin Luther)

"하나님은 애통하는 자에게 위로를 주시기 위해 우리의 슬픔을 사용하신다. 그 슬픔은 단지 고통이 아니라, 우리를 하나님께 더 가까이 이끌어 주는 수단이다."

C.S. 루이스(C.S. Lewis)

"애통하는 자는 하나님께서 그들의 영혼을 깊이 만지시는 순간을 경험하는 자들이다. 그 슬픔은 그들이 하나님 앞에서 참된 자신을 볼 때 시작되며, 그분의 위로로 끝난다."

오스왈드 챔버스(Oswald Chambers)

"애통은 우리를 부서지게 만들지만, 바로 그 부서짐 안에서 우리는 하나님의 위로를 발견한다. 그 위로는 우리를 다시 일으켜 세우는 힘이 된다."

헨리 나우웬(Henri Nouwen)

하나님의 복은 '애통만복래'를 통해 옵니다

세상이 말하는 행복과 하나님이 말하는 행복의 가장 극명한 차이를 드러내는 말씀이 오늘 본문입니다.

세상의 행복관은 소문만복래(笑門萬福來)라 할 수 있습니다. 웃음의 문으로 모든 복이 들어온다는 뜻입니다. 성경은 반대의 이야기를 합니다. '애통만복래'입니다. 웃는 자에게 복이 오는 것이 아니라 애통하는 자에게 복이 온다고 합니다. 왜 주님은 애통하는 자가 복이 있다고 하셨을까요?

그리스도인에게 애통함이란 인간이 경험하는 극한의 슬픔을 의미합니다. 요즘은 잘 안 쓰는 말이지만 "애간장이 탄다"는 말이 있습니다. 애간장이란 창자를 뜻합니다. 인생을 살면서 애간장이 탄 적 있지 않으세요? 너무나 큰 슬픔 때문에 속이 다 타들어 가는 것 같은 경험 말입니다.

저도 애통을 경험한 적이 있습니다. 갑작스럽게 찾아온 인생의 고통 앞에서 창자가 끊어질 것처럼 통곡한 적이 있었습니다. 애통이란 창자가 끊어질 것 같은 깊은 슬픔입니다. 어째서 이런 사람에게 복이 있을까요? 애통으로 깊은 슬픔을 견딘 사람이 하나님의 마음을 알 수 있기 때문입니다.

진짜 웃음과 가짜 웃음

누가복음 6장에는 마태복음 5장의 팔복을 뒤집은 말씀이 등장합니다. 6장 25절에 "화 있을진저 너희 지금 배부른 자여 너희는 주리리로다 화 있을진저 너희 지금 웃는 자여 너희가 애통하며 울리로다"라고 말합니다.

왜 예수님은 웃는 자에게 화가 있을 것이라고 하셨을까요? 현대인들은 가능하면 행복한 감정을 원합니다. 교회를 오는 이유도 즐거움을 누리고 싶어서입니다. 성경도 항상 기뻐하라고 말씀하셨습니다. 그런데 왜 웃는 자에게 화가 있다고 하실까요?

웃음 자체가 문제인 것이 아니라 어디서 오는 웃음인가가 중요합니다. 여기서 웃는 자란 진짜 웃음이 아니라 가짜 웃음을 추구하며 사는 사람을 의미합니다.

진짜 웃음과 가짜 웃음의 차이는 무엇일까요? 웃음이 흘러나오는 근원이 다릅니다. 진짜 웃음은 내면으로부터 흘러나와서 얼굴에 표현됩니다. 반면 가짜 웃음은 외부의 자극으로 생기는 얼굴의 반응이라고 할 수 있습니다.

과거 개그 프로 중에 '웃찾사'라는 프로그램이 있었습니다. '웃음을 찾는 사람들의 줄임말'입니다. 세상은 웃찾사의 인생을 살아갑니다. 잃어버린 웃음을 찾기 위해 세상 이곳저곳을 찾아다닙니다. 하지만 우리는 '웃찾사'가 아니라 '하찾사'가 되어야 합니다. '하나님을 찾는 사람들'이 되어야 합니다. 하나님을 찾을 때 내면으로부터 웃음이 솟아나기 시작합니다.

얼굴은 '얼꼴'이란 단어에서 왔습니다. '얼'이란 영혼이라는 뜻이고 '꼴'은 모습이라는 뜻입니다. 그러므로 얼굴은 '영혼의 모습'입니다. 얼굴은 반드시 내면의 상태를 반영합니다. 마음에 기쁨이 있는 사람은 그 얼굴에 웃음과 광채가 흘러넘칠 수밖에 없습니다.

요한복음 4장 14절은 웃음을 찾아다니던 수가성 여인에게 주님께서 하신 말씀입니다. "내가 주는 물을 마시는 자는 영원히 목마르지 아니하리니 내가 주는 물은 그 속에서 영생하도록 솟아나는 샘물이 되리라"말씀하신 것입니다.

예수님을 처음 만났을 때 그녀의 얼굴에는 적개심과 깊은 슬픔이 드리워져 있었습니다. 그런데 예수님을 만난 후에 이 여인에게 어떤 변화가 일어납니까? 예수님을 만난 후에 즉시 마을로 들어가서 "내가 메시야를 만났다. 인생의 진리를 찾았다"라고 전파합니다. 그러자 놀라운 일이 벌어졌습니다. 동네 사람들 전부가 이 여인의 말 한마디를 듣고 예수님께

몰려와 복음을 듣습니다.

어떻게 이런 일이 벌어질 수 있을까요? 그녀는 수가성에서 존재감이 없는 여인이었습니다. 사람들을 피해 사는 왕따 같은 인생이었습니다. 그런데 어떻게 이 여인의 말 한마디에 모두가 예수님께로 나왔을까요? 전혀 다른 차원의 웃음이 그녀의 얼굴에 스며 있었기 때문입니다. 속에서부터 솟아나는 기쁨이 그녀의 얼굴에 흘러넘쳤던 것입니다. 이것이 하나님께서 인간에게 주신 참된 웃음의 방식입니다.

애통함이란 그리스도인의 겨울나기입니다

그렇다면 인간은 왜 진짜 웃음을 잃어버렸을까요? 인간의 마음 안으로 들어온 죄 때문에 하나님과의 관계가 깨어졌기 때문입니다. 이때부터 사람들은 내면에서 잃어버린 웃음을 외부에서 찾기 시작했습니다. 어떤 사람은 돈에서 웃음을 찾고, 어떤 사람은 사랑에서 웃음을 찾고, 어떤 사람은 쾌락에서 웃음을 찾고, 어떤 사람은 성공에서 웃음을 찾아다닙니다. 웃찾사의 인생들이 된 것입니다.

웃찾사의 인생들이 직면한 진짜 문제는 무엇일까요? 외부로부터 오는 웃음을 평생 찾아다니다가 자신의 내면 상태를 방치합니다. 정직하게 자신을 직면하지 못합니다.

요즘 젊은이들을 MZ세대라고 합니다. 디지털을 공기처럼 호흡하는 세대입니다. 디지털의 화려한 공간처럼 재밌고 빠르고 자유롭게 사는 것을 좋아하는 세대입니다.

MZ세대들이 유행시킨 말 중에 '플렉스'라는 단어가 있습니다. 플렉스는 '과시한다, 자랑한다'는 뜻입니다. 삼각 김밥을 먹어도 명품을 사는 세대입니다. SNS에 자신이 소유한 물질적 가치를 드러내고 공유함으로 자아를 표현하고 싶어 합니다. 하지만 플렉스의 세계에서는 내면세계는 잊은 채 살아갈 수밖에 없습니다. 하나님은 내면세계를 잊고 사는 우리를 강제로 깊은 광야 속으로 몰아가셔서 자신의 내면을 직면하게 하십니다. 즉, 애통의 자리로 인도하시는 것입니다. 그 애통함의 자리에서 우리가 잃어버렸던 본질적 웃음을 찾게 하십니다.

나무의 겨울나기를 아십니까? 인간은 겨울을 나기 위해서 월동 준비를 합니다. 두꺼운 옷과 따뜻한 집과 최첨단 기계의 도움을 받아서 겨울의 추위를 통과합니다. 하지만 앙상한 몸으로 오롯이 겨울을 맞이하는 나무는 어떻게 겨울을 날까요? 분명히 겨울 동안 앙상하게 죽은 것 같은 나무들이 봄이 되면 어김없이 푸른 잎사귀를 내는 힘은 어디에서 올까요? 겨울이 되었기 때문에 어쩔 수 없이 잎사귀가 떨어지는 것이 아닙니다. 더 정확하게 말하면 나무 스스로 잎사귀들을 자신의 몸으로부터 떨구어 내는 것입니다.

가을이 되면 나무는 가지와 잎사귀 사이에 '떨켜'라는 층을 만들어서 수분이 공급되는 것을 차단합니다. 수분이 차단된 잎사귀가 땅에 떨어지고 떨어진 잎사귀들이 뿌리를 덮어서 추위를 막아줍니다. 또한 겨울은 물이 적은 계절입니다. 잎사귀들은 계속 수분을 소비하기 때문에 잎사귀가 무성한 나무는 물이 부족한 겨울을 견뎌낼 수 없습니다. 나무는 겨울 동안 앙상한 뼈대만 남기고 모든 에너지를 땅속 아래 뿌리에 집중하면서 겨울을 견뎌내는 것입니다.

저는 애통함이란 그리스도인의 겨울나기라고 생각합니다. 내 인생을 붙들고 있던 세상적인 화려함을 떨구어 내고 존재의 뿌리에 집중하는 시간입니다. 하나님이 주실 따뜻한 봄날을 기다리면서 내면으로부터 깊어지는 시간입니다. 우리가 애통하는 자가 된다는 것은 세상적인 웃음의 전략들을 내려놓고, 내 마음을 향하여 정직하게 눈을 돌리는 것을 의미합니다. 기도 가운데 들어가서, 마음을 다루시는 하나님께 내 인생을 맡기는 것을 의미합니다.

애통하는 자는 영혼을 위하여 근심합니다

팔복의 첫 번째는 "심령이 가난한 자"입니다. 심령이 가난해질 때 천국을 누리게 된다고 하셨습니다. 천국이란 내 인생에 임하는 하나님의 통치입니다. 하나님께서 내 인생을 다스려 주실 때 나타나는 가장 근원적 변화가 무엇인지 아십니까?

자신이 정말 무엇을 위하여 근심하고 무엇을 위하여 울어야 할지를 깨닫게 됩니다. 천국이 임하기 전에는 외부 세계에 있는 환경과 조건 때문에 근심하고 울었습니다. 그런데 천국이 임하자, 인생의 모든 문제가 자기 자신에게 있다는 사실을 깨닫게 됩니다.

고린도후서 7장 10절을 보면 "하나님의 뜻대로 하는 근심은 후회할 것이 없는 구원에 이르게 하는 회개를 이루는 것이요 세상 근심은 사망을 이루는 것이니라"고 말합니다. 세상에 두 종류의 근심이 있습니다. 좋은 근심과 나쁜 근심입니다. 좋은 근심은 하나님의 뜻대로 하는 근심입니다. 생명으로 인도하는 근심입니다. 믿음으로 하는 근심은 우리의 생을 하나님께 의탁하게 합니다.

니코스차잔 자키스의 『그리스도인 조르바』에 이런 글이 있습니다.

"조르바, 그분은 믿음이 있었으니까 백스무 살까지 산 거예요. 그분은 하나님을 만났고 자기 당나귀를 하나님께 맡겨 아무 근심도 없이 살았죠."

하나님의 뜻에 자신의 생 전체를 믿음으로 맡기니 근심 없이 살게 됩니다. 믿음으로 산 조르바는 백스무 살까지 살았습니다.

반면 세상 근심은 사망으로 인도합니다. 왜 세상 근심은 사망에 이르게 할까요? 그것은 질병의 뿌리를 무시하고 증상만을 다루기 때문입니다. 속에서는 암 덩어리가 썩고 있는데 소화제만 먹습니다. 머리 안에 종양이 자라고 있는데 두통약을 찾습니다. 이 사람은 계속해서 진통제로 통증만 해결하는 방법으로 살아갑니다. 그 사람의 결국은 얼마나 불행할까요? 이것은 우리가 인생을 살아가는 어리석은 모습입니다.

유럽, 미국, 한국과 같이 고도로 발달한 문명사회에서 가장 성행하는 사업이 '무속사업'입니다. 최근 MZ세대와 같은 젊은 층 사이에서 신점이나 사주 풀이, 점괘 등을 보기 위해 소셜네트워크서비스(SNS)를 이용하는 사례가 늘고 있습니다. 샤머니즘이 인공지능 시대에 젊은 층에서 새로운 형태의 문화로 자리 잡고 있습니다.

한국역술인협회와 대한경신연합회에 따르면 두 단체에

등록된 회원수는 각각 30만 명이라는 통계가 나왔습니다. 여기에 협회에 등록되지 않은 종사자 수까지 포함하면 국내에서 점과 굿으로 생업을 이어 가는 사람들이 100만 명에 이른다고 추정합니다. 수천 만 명의 사람이 무속인을 찾기 때문입니다. 이것이 이 시대를 살아가는 사람들이 불안과 고통을 해결하는 방식입니다. 사회 최고의 엘리트 계층에 속한 사람들이 무당 앞에 고개를 조아리고 근심과 불안이라는 통증을 치료받으려 합니다. 그런데 그들의 근심이 다 어떤 근심입니까? 세상 근심입니다.

애통하는 사람은 인생 문제의 뿌리를 찾아갑니다

애통하는 자는 항상 인생 문제의 뿌리를 찾아 들어가는 사람입니다. 그런데 사람들은 땅에 떨어져서 없어질 인생의 잎사귀들을 붙들고 근심합니다. 우리는 근심을 해결하기 위해 겨울철 나무처럼 뿌리에 집중해야 합니다. 뿌리에 집중하면 어떤 추위와 강풍도 견디고 어김없이 다시 푸르게 피어날 수 있습니다.

애통이란 하나님의 시각으로 자신의 영혼을 보는 시선입니다. 애통하기 전까지는 내가 가진 인생의 문제는 불리한

환경이나 주변에 있는 사람들 때문이라고 생각합니다. 어느 날 우리가 성령의 도우심으로 자신의 실상을 보게 됩니다. 모든 위선의 껍질이 벗겨지면 자신이 자랑하며 붙들었던 것들이 보잘것없는 것임을 깨닫습니다.

위선의 껍질이 벗겨지는 과정에서 인생의 가장 중요한 깨달음을 얻습니다. 인생의 진짜 문제는 나를 둘러싼 외부 세계가 아니라 하나님 앞에 서 있는 내면세계라는 것을 깨닫게 됩니다. 이후부터 우리는 하나님 앞에서 애통하기 시작합니다. 자신의 영혼에 대해 근심하며 자신의 영혼을 위하여 울기 시작합니다. 우리는 하나님 앞에서 애통해야 합니다. 하나님 앞에서 애통하면 인생의 뿌리를 찾게 됩니다. 인생의 뿌리가 자신에게 있음을 알게 됩니다.

우리의 치명적인 질병은 죄에 대한 불감증입니다

우리는 세상이나 환경을 바라보지 않아야 합니다. 하나님 앞에서 자신의 내면을 직면해야 합니다. 우리가 하나님 앞에서 자신의 내면을 직면하기 시작할 때, 필연적으로 자신의 영혼을 장악하고 있는 깊은 죄를 발견합니다. 죄에 대한 애통함은 하나님의 눈으로 자신을 보는 사람의 영혼 안에서 일어나는 것입니다. 즉, 애통함이란 하나님과 인간 사이를 갈라 놓은 죄에 대해 깊이 슬퍼하고 회개하는 마음입니다.

오늘날 기독교가 빠진 가장 치명적인 질병은 죄에 대한 불감증입니다. 죄에 대한 감각이 너무 무디어져 있습니다. 『난장이가 쏘아올린 작은 공』의 조세희 작가는 자신의 죄에 대해 말합니다.

"나는 작가로서가 아니라 이 땅에 사는 한 사람의 시민으로서 그동안 우리가 지어 온 죄에 대해 말하고 싶었다." 우리는 죄에 대한 무뎌진 감각에 대해 애통해야 합니다.

기독교의 출발은 죄에 대한 자각으로부터 시작합니다. 예수님의 첫 번째 메시지는 '회개하라'입니다. 회개하는 자만이 하나님 나라에 들어갈 수 있습니다. 예수님께서 회개하라고 하시는데 세상은 회개하지 않습니다. 세상이 회개하지 않는 이유는 무엇입니까? 죄와 죄가 가져오는 무서운 삶의 고통을 모르기 때문입니다.

기독교가 말하는 죄는 사람을 향한 태도가 아니라 하나님을 향한 태도입니다. 로마서 1장 18절을 보면 "하나님의 진노가 불의로 진리를 막는 사람들의 모든 경건하지 않음과 불의에 대하여 하늘로부터 나타나나니"라고 말씀합니다.

하나님의 진노가 쏟아지는 일차적인 대상은 경건치 않음

입니다. '경건하지 않다'의 영어단어는 'Godlessness'입니다. '하나님 없음'입니다. 그 인생의 중심에 하나님이 없는 사람, 그 인생의 목적이 하나님의 영광에 맞추어져 있지 않는 삶이 경건치 않음입니다.

우리는 기억해야 합니다. 하나님의 진노는 다른 것이 아닌 경건치 않음을 향하여 쏟아지고 있다는 사실입니다. 죄는 헬라어 '하마르티아'인데 그 뜻은 '과녁에서 빗나갔다'입니다. 즉, 하나님의 목적과 다른 방향으로 사는 것을 의미합니다.

하나님은 미지근한 신앙을 싫어합니다

하나님께서 가장 싫어하는 것이 있다면 미지근한 신앙입니다. 라오디게아교회 신앙이 그러하였습니다. 요한계시록 3장 15-16절은 이렇게 말씀합니다. "내가 네 행위를 아노니 네가 차지도 아니하고 뜨겁지도 아니하도다 네가 차든지 뜨겁든지 하기를 원하노라 네가 이같이 미지근하여 뜨겁지도 아니하고 차지도 아니하니 내 입에서 너를 통하여 버리리라."

왜 라오디게아 교회는 이렇게 영적으로 미지근한 상태가 되었을까요? 17절에서 이렇게 말합니다. 15-16절이 증상이라면 17절은 원인입니다. "네가 말하기를 나는 부자라 부요하여 부족한 것이 없다 하나 네 곤고한 것과 가련한 것과 가난한 것과 눈먼 것과 벌거벗은 것을 알지 못하는도다."

왜 우리의 신앙이 미지근합니까? 교회가 영적으로 미지근한 상태가 된 것은 부요하기 때문입니다. 우리가 하나님의 시각으로 자신을 보지 못하고 세상적인 시각으로 자신을 보기 때문입니다. 우리는 하나님의 시각으로 자신을 봐야 합니다. 하나님의 시각으로 바라보지 않으면 우리 안에 애통함과 회개함이 없습니다. 뜨거움과 열정도 없이 습관적으로 신앙생활을 할 뿐입니다.

오늘 예수님은 우리를 향해 긴급 처방을 내리십니다. 요한계시록 3장 18-19절입니다. "내가 너를 권하노니 내게서 불로 연단한 금을 사서 부요하게 하고 흰옷을 사서 입어 벌거벗은 수치를 보이지 않게 하고 안약을 사서 눈을 발라 보게 하라 무릇 내가 사랑하는 자를 책망하여 징계하노니 그러므로 네가 열심을 내라 회개하라."

우리가 할 일이 있습니다. 예수님께 가서 나의 벌거벗음을 가려 줄 의의 옷을 구해야 합니다. 소경이 되어 버린 나의 눈을 열어주실 하늘의 안약을 구해야 합니다. 세상의 금이 아니라 예수 안에 있는 하늘의 보화를 구해야 합니다.

어떻게 구합니까? 열심과 회개로 구합니다. 무슨 열심일까요? 예수님을 향한 열심입니다. 우리는 예수님을 향한 열심을 회복해야 합니다. 그리고 기도 가운데 들어가 성령의 그 빛 아래 내면을 깊이 들여다보고 회개할 죄들을 남김없이 회개해야 합니다.

애통함으로 회개하면 어떤 일이 벌어집니까? 20절이 그 결과입니다. "볼지어다 내가 문 밖에 서서 두드리노니 누구든지 내 음성을 듣고 문을 열면 내가 그에게로 들어가 그와 더불어 먹고 그는 나와 더불어 먹으리라." 애통하며 회개하는 자에게 주는 위로의 실체가 무엇인가요? 주님의 거룩한 임재를 경험하는 것입니다. 이것보다 성도를 강하게 하고 부요하게 하고 아름답게 하는 것이 없습니다.

격려가 적극적으로 애통하게 합니다

오늘 말씀은 "애통하는 자는 복이 있나니 그들이 위로를 받을 것임이요"라고 합니다. 여기서 "위로한다"는 헬라어로 '파라 칼레오'로 '곁에서 부른다' 혹은 '곁에서 속삭인다'는 뜻입니다.

사람에게 가장 큰 인생의 힘이 무엇일까요? 누군가가 곁에서 속삭이는 격려의 말 한마디입니다. 말 한마디가 인생을 살리기도 하고 죽이기도 합니다. 모든 위대한 사람들의 배후에는 그들을 격려해 주었던 사람들이 있습니다.

'격려하라'라고 번역된 히브리어 단어 'paroxsym'은 '발작'이라는 뜻도 있습니다. 하나님의 성품에 '어울리는', '마땅한' 행동을 발작이 일어날 정도로 도발하고 자극하라는 뜻입니다. 우리는 격려할 때 단순히 말로 그치는 것이 아닙니다. 도발적으로 자극이 되도록 해야 합니다. 그런 격려가 우리를 애통하고 회개하게 합니다.

제 인생을 회복시키는 가장 강력한 보약이 무엇인지 아십니까? 아내의 격려입니다. 무력감에 빠져서 도저히 헤어 나오지 못할 때, 깊은 낙심으로 주저앉아 있을 때, 내 곁에 와서 "당신은 할 수 있어요. 당신을 믿어요"라고 말하는 그 한마디가 제 영혼에 새로운 힘과 능력을 공급했습니다. 하물며 상상해 보십시오. 멀리만 계셨다고 생각했던 그 하나님이 어느 순간 곁에 오셔서 내 귀에 대고 "아들아 내가 너를 사랑한다. 내가 너와 함께하겠다. 염려하지 말거라. 내가 너의 뒤를 봐주고, 너보다 앞서 너의 모든 길을 예비하겠다. 나만 믿거라"라고 말씀하신다면 우리의 삶에 어떤 일들이 일어나겠습니까? 그는 결코 세상을 무서워하지 않을 것입니다. 거대한 산처럼 자신 앞에 버티고 서 있던 인생의 문제들이 갑자기 작아지는 것을 느끼고, 하늘처럼 담대해진 자신의 영혼을 발견하게 될 것입니다.

누구에게 이런 은혜가 임하는 것입니까? 자신의 영혼을 날마다 돌아보고, 하나님 앞에서 울며 죄를 회개하고, 정직하게 하나님의 은혜를 구하는 인생 위에 이런 하나님의 위로가 임하게 될 것입니다.

☑ 하나님의 위로는 애통하는 자에게 임합니다.

애통은 우리의 고통과 아픔을 통해 하나님의 깊은 위로를 경험하는 과정이며, 그리스도인의 진정한 회복은 애통에서 시작됩니다.

☑ 애통은 죄에 대한 깊은 자각에서 비롯됩니다.

애통하는 마음은 자신의 죄와 영혼의 상태를 직면하는 것이며, 이로 인해 우리는 하나님 앞에서 회개하고 새롭게 됩니다. 애통은 단순한 슬픔이 아니라, 하나님 앞에서 죄의 심각성을 깨닫고 그분의 용서를 구하는 회개와 연결됩니다.

☑ 참된 기쁨은 애통을 통해 찾아옵니다.

애통은 고통을 넘어 진정한 기쁨으로 나아가는 과정입니다. 이는 세상적 기쁨과 달리 하나님께서 주시는 내적 평안과 만족을 의미합니다.

☑ 애통은 영혼의 성숙을 위한 겨울나기입니다.

애통의 과정은 그리스도인의 성장을 위한 시간이며, 세상의 헛된 것들을 내려놓고 오직 하나님께 집중하는 훈련입니다.

☑ 애통하는 자는 죄에 민감하게 반응하며 하나님과 더 가까워집니다.

애통은 죄에 무뎌지지 않고, 하나님 앞에서 겸손히 자신을 돌아보며 회개하는 삶을 살아가는 중요한 열쇠입니다.

행복, 다시 정의하다

1. 내 삶에서 애통할 이유가 무엇인지 돌아볼 때, 하나님 앞에서 내가 깊이 슬퍼하고 회개해야 할 부분은 무엇입니까?

2. 내가 겉으로 드러나는 기쁨을 추구하는 대신, 내면의 진정한 기쁨을 찾기 위해 노력하고 있는 부분은 무엇인가요?

3. 애통을 통해 내 영혼의 뿌리를 돌아보며, 하나님께 내 삶을 맡기고 변화되기 위해 내가 내려놓아야 할 것은 무엇입니까?

4. 내가 세상 근심과 염려로 인해 마음을 빼앗길 때, 그 근심을 하나님께 맡기며 믿음으로 나아가는 방법은 무엇입니까?

5. 하나님께서 나에게 주시는 애통의 시간을 통해, 내가 성숙하고 성장하기 위해 지금 할 수 있는 구체적인 영적 훈련은 무엇인가요?

3장_ 애통의 복 눈물 속에 숨은 기쁨

‹◄◆►›

온전히
맡긴 자의 강함

온유한 자는 복이 있나니

그들이 땅을 기업으로 받을 것임이요

__ 마태복음 5:5

"온유함이란 자신의 힘을 절제하고, 그것을 하나님의 뜻에 복종시키는 것이다."

존 스토트(John Stott)

"진정한 온유함은 복수나 억울함을 떠나 하나님께 모든 것을 맡기는 신뢰에서 나온다."

찰스 스펄전(Charles Spurgeon)

"온유한 자는 하나님과 사람들 앞에서 자신을 통제하며, 그 안에 깊은 내적 평안을 누리는 사람이다."

마틴 로이드 존스(Martyn Lloyd-Jones)

"온유함은 하나님 앞에서 겸손하고, 사람 앞에서는 너그러움으로 드러난다."

존 칼빈(John Calvin)

"온유한 자는 자신을 과시하지 않고, 오직 하나님의 뜻을 이루기 위해 조용히 순종하는 사람이다."

디트리히 본회퍼(Dietrich Bonhoeffer)

"온유한 자는 세상에서 가장 강력한 자다. 왜냐하면 그는 하나님께 모든 것을 맡기고 하나님의 손길 안에서 평안을 누리기 때문이다."

조나단 에드워즈(Jonathan Edwards)

"온유한 자는 억울함을 품지 않으며, 그 억울함을 하나님께 맡기고 자신은 하나님의 인도하심을 따릅니다."

찰스 스윈돌(Charles Swindoll)

주님의 성품을 닮을 때 진정한 쉼을 얻습니다

예수님께서는 마태복음 11장 28절에서 "수고하고 무거운 짐진 자들아 다 내게로 오라 내가 너희를 쉬게 하리라"라고 초청하십니다. 인생의 짐을 지고 수고하는 영혼들이 복음을 듣고 예수님께 달려갑니다. 그럼에도 그리스도인들이 진정한 쉼을 누리지 못하는 이유는 무엇일까요?

마태복음 11장 28절의 다음 구절인 29절-30절 말씀을 모르기 때문입니다. "나는 마음이 온유하고 겸손하니 나의 멍에를 메고 내게 배우라 그리하면 너희가 쉼을 얻으리니 내 멍에는 쉽고 내 짐은 가벼움이라"고 말씀하십니다. 주님이 주시는 진정한 쉼은 어디로부터 온다는 뜻일까요?

진정한 쉼은 성품과 직결되어 있습니다. 주님의 온유한 성품을 닮아야 쉼을 누릴 수 있습니다. 진정한 쉼은 감정이 아닌 인격의 힘에서 비롯됩니다. 사람들은 내적으로는 감정적 문제가 해결되고 외적으로는 상황이 좋아지면 쉼을 누릴 수 있다고 생각합니다. 그렇지 않습니다. 온유한 인격을 가질 때 진정한 쉼을 누릴 수 있습니다. 그래서 참쉼을 주시는 예수님은 가장 먼저 우리의 성품을 만지십니다.

예수님이 다루시는 것은 짐 자체가 아니라 다양한 짐을

지고 사는 우리의 성품입니다. 주님은 자신에게 오는 사람들을 향해 직장 문제, 인간관계 문제, 가족 문제, 건강 문제를 한 번에 해결해 주겠다고 말한 적이 없습니다. 그것은 하나님의 방식이 아닙니다. 하나님은 상황을 바꾸시는 것이 아니라 그 상황 안에 있는 우리 존재를 바꾸십니다. 우리의 존재를 바꾸셔서 상황을 이기게 하십니다. 예수님은 우리를 주님처럼 온유한 성품으로 변화시키셔서 어떤 문제 앞에서도 흔들리지 않는 존재로 빚어내십니다. 예수님은 우리가 먼저 갖출 것은 온유함이라고 하십니다.

예수님은 "온유한 자 복이 있나니 그들이 땅을 기업으로 받을 것임이요"라고 하십니다. 팔복 가운데 성령의 9가지 열매에 등장하는 유일한 성품이 온유함입니다. 즉, 온유함은 성도가 예수님에게서 배워야 하는 가장 중요한 인격적 요소입니다.

예수님처럼 온유함으로 살아야 합니다

예수님께서는 온유함을 귀하게 여기지만 세상은 온유함을 하찮게 여깁니다. 세상이 예수에 대해서 무관심한 이유도 온유함에 관심이 없기 때문입니다.

이스라엘 백성들이 수백 년을 기다렸던 메시야가 이 땅에 왔을 때 그 메시야를 십자가에 못 박은 이유가 무엇일까요? 그것은 예수님의 인격을 지배하는 온유함 때문이었습니다. 자신들이 기다렸던 메시야상에 예수가 맞지 않았습니다. 이스라엘 사람들은 강력한 힘으로 로마를 정복하고, 이스라엘을 회복하는 호전적이고 영웅적인 메시야를 기다렸습니다. 하지만 예수님은 지극히 온유하셨습니다.

예수님은 세상에 오실 때도 온유한 모습으로 오셨습니다. 마구간의 구유에서 갓난아이로 태어났습니다. 30년을 나사렛에서 목수로 사셨습니다. 공생애 3년 동안 가난한 사람들과 병든 사람들을 찾아다니면서 자신의 삶을 내어 주었습니다. 결국은 유대의 종교권력과 로마의 정치권력에 붙들려 십자가에서 죽었습니다. 도살장에 끌려가는 양처럼 무력한 죽음이었습니다.

유대인들은 예수님이 힘센 권력자이길 바랐습니다. 예수님은 유대인들이 원한 사람이 아니었습니다. 여기에 기독교의 어려움이 있습니다. 예수님을 믿는다는 것은 유대인이 원한 것처럼 힘센 권력자로 사는 것이 아닙니다. 예수님처럼 이 세상을 온유함으로 살아가는 것을 의미합니다.

온유한 자가 복을 받습니다

예수님은 온유함으로 무장한 제자들을 세상에 파송하셨습니다. 예수님은 제자들을 세상에 파송하시면서 이렇게 말씀하셨습니다. "내가 너희를 세상에 보냄이 양을 이리 가운데 보냄과 같도다"(마 10:16). 여러분은 세상에서 이리처럼 살고 싶습니까? 양처럼 살고 싶습니까? 세상은 양처럼 사는 것을 바보 같다고 말합니다. 이리가 득실거리는 세상에서 양으로 사는 것은 어리석고 무능력한 처세술이기 때문입니다.

미국에서 1년 동안 총기 사고로 죽는 사람이 3만 9천 명입니다. 미국 사망률 1위가 총기사고사입니다. 그런데도 미국에서 여전히 총기 소지를 합법화하는 강력한 이유는 무엇일까요? 총을 난사하는 범죄자들로부터 자신을 지키려면 총기로 무장해야 한다는 주장입니다. 이리 가운데서 살려면 양이 아니라 늑대나 사자가 되어야 한다는 논리입니다.

대관령 양 떼 목장에서 양을 관찰한 경험이 있습니다. 그때 발견한 양의 가장 독특한 특징은 철저한 수동성이었습니다. 거의 움직임이 없습니다. 그 자리에 종일 서서 먹기만 합니다. 다른 동물들은 누가 접근하면 도망가거나 공격적 성향을 보이지만 양은 거의 반응하지 않습니다. 대관령 목장의 양을 보면서 "양을 이리 가운데 보낸다"는 말씀이 더욱 이해하기 힘들었습니다. 맹수가 지배하는 약육강식의 세상에 제자를 보내려면 양이 아닌 사자나 늑대로 보내야 하는 것 아닐까요? 그런데 주님께서 이런 표현을 하면서까지 양처럼 온유한 자가 되라는 이유가 무엇입니까? 온유함이 우리 인생에 가져오는 놀라운 선물이 있기 때문입니다.

마태복음 5장 5절은 "온유한 자는 복이 있나니 그들이 땅을 기업으로 받을 것임이요"라고 말합니다. 세상에서는 온유한 자가 아닌 강한 자가 승리합니다. 순응하는 자가 아닌 도전하는 자가 땅을 차지합니다. 세상은 힘과 주도성을 가진 사람이 땅을 차지한다고 생각합니다.

『이솝 우화』에서는 "탐욕은 부자가 되지만 온유함은 가난하게 되는 것이 어쩔 수 없는 현실이다"고 말합니다. 하지만 주님께서는 정반대로 말씀하십니다. 온유한 자가 땅을 기업으로 받는다고 하십니다. 왜 온유한 자가 땅을 차지할까요? 성령의 열매이기 때문입니다.

성경은 온유함을 뭐라고 하는가?

성경이 말하는 온유함이란 무엇일까요? 온유(溫柔)는 '따뜻

할 온'과 '부드러울 유'자입니다. 국어사전에서는 '온유함은 성격과 태도 따위가 온화하고 부드럽다'고 정의합니다. 이것은 성경이 말하는 온유함이 아닙니다. 팔복이 말하는 온유함은 헬라어로 '프라우스'입니다. '조련사에 의해서 길들여진 야생마'입니다. 사방으로 마구 날뛰던 야생마가 조련사에게 길들여져서 완벽하게 통제되는 상태입니다. 길들여진 야생마는 고삐 잡은 사람의 작은 손길과 숨소리 하나에도 반응하기 시작합니다.

몽골에서 말을 타 본 경험이 있습니다. 1시간 동안 몽골의 거대한 초원을 마음껏 달렸습니다. 처음 말에 올라탔을 때는 말이 나를 태우고 미친 듯이 달리면 어떻게 할까 두려웠습니다. 혹시 앞다리를 올려서 나를 땅에 떨어뜨리지는 않을까 조금 무서웠습니다. 일단 말을 타니 말은 철저하게 저의 손에 의해서 움직이기 시작했습니다. 제가 엉덩이를 때리면 달렸습니다. 더 빨리 달리고 싶으면 더 세게 엉덩이를 때리면 됩니다. 오른쪽으로 가고 싶으면 오른쪽 고삐를 당기고 왼쪽으로 가고 싶으면 왼쪽으로 고삐를 당겼습니다. 정지하고 싶으면 고삐를 양손으로 세게 당겼습니다. 야생마가 조련사에 의해 길들여져 말을 잘 듣는 상태가 온유함입니다. 온유함의 일차적인 특징은 힘이 있지만 그 힘이 누군가에 의해 길들여겨져서 철저하게 인도함을 받는 상태입니다.

　성경이 말하는 온유한 사람은 하나님의 손에 철저하게 훈련받은 사람입니다. 하나님의 말씀에 온전히 순종하는 사람입니다. 하나님의 작은 소리에도 민감하게 반응하는 사람입니다. 하나님의 뜻에 전적으로 자신을 맡기는 사람입니다. 다른 사람보다 힘이 없고 무력해서 하나님을 의지하는 것이 아닙니다. 나보다 더 크신 분을 만났기 때문에 의존합니다. 이런 사람은 자기 인생의 고삐를 예수님께 기꺼이 내어 드립니다. 그분을 따라 사는 것이 행복의 길임을 알기에 그분의 말씀에 온전히 순종합니다.

하나님께서는 온유한 사람을 사용하십니다

성경에서 하나님으로부터 가장 큰 칭찬을 들은 사람은 다윗입니다. "내 마음에 맞는 사람이라"(행 13:22)는 최고의 칭찬을 받았습니다. 이유가 무엇일까요? 다윗이 온유한 사람이었기 때문입니다.

　성격이 부드러웠다는 뜻이 아닙니다. 다윗은 불같은 혈기를 가진 사람이었습니다. 이스라엘의 최고 권력자로서 자기 뜻대로 무엇이든지 할 수 있습니다. 그러나 다윗은 모든 일에 있어서 하나님의 뜻에 민감했습니다. 사울과 다윗의 결정적인 차이점이 여기에 있습니다.

온유함과 거리가 멀었던 사울은 언제나 자기 뜻대로 움직였습니다. 그는 하나님의 말씀을 가볍게 여겼습니다. 하지만 다윗은 언제나 하나님께 묻고 하나님의 인도하심을 구했습니다. 그래서 다윗은 하나님께 최고의 칭찬을 받았습니다.

온유한 사람이란 하나님께서 사용하시기에 가장 좋은 사람입니다. 사람을 구원하시는 일에 있어서 하나님은 모두에게 평등하십니다. 하나님은 외모로 사람을 취하지 않고 모든 사람에게 똑같은 은혜와 사랑을 주십니다. 하지만 구원받은 사람들에게 사명을 맡기실 때 하나님께서 특별히 선호하시는 사람이 있습니다.

누구일까요? 하나님은 재능이나 실력 있는 사람을 사용하지 않습니다. 권력이나 지식이 많은 사람을 좋아하지 않으십니다. 하나님께서도 코드인사를 합니다. 자신의 코드에 맞는 사람을 사용하십니다. 하나님의 인사 코드가 온유함입니다. 하나님께서는 항상 온유한 마음을 가진 사람을 선택하셔서 그분의 크신 일을 행하십니다. 왜냐하면 온유한 사람만이 하나님의 뜻에 온전히 순종하기 때문입니다. 그러므로 하나님께 쓰임 받기를 원하고, 하나님 나라의 큰 일꾼으로 세움

받기를 원한다면 온유한 사람이 되기를 소망해야 합니다.

온유함을 기필코 이루어야 합니다

그렇다면 우리는 어떻게 온유함에 이를 수 있을까요? 가장 먼저 자신의 실체를 제대로 보아야 합니다. 온유함은 팔복의 세 번째입니다. 심령의 가난함과 애통함을 통과하면 온유한 자로 변화됩니다.

온유한 자가 팔복의 세 번째로 등장하는 이유는 인간의 심리에 대한 예수님의 정확한 지식에 근거한 것입니다. 인간의 마음은 결코 하나님 앞에서 자신을 보기 전까지는 온유해질 수 없습니다. 온유함은 절대로 타고난 성품이 아닙니다.

심령이 가난한 자와 애통하는 자는 어떤 자를 말하는 것입니까? 하나님의 눈으로 자신의 실체를 보는 사람입니다. 심령이 가난해진다는 것은 무한하시고 광대하신 하나님 앞에서 자신의 무력함을 깨닫는 상태를 말합니다. 이런 사람은 하나님 앞에서 자신이 파산한 거지와 같음을 고백합니다. 자신의 내면을 가득 채우고 있는 것은 오직 죄밖에 없다는 사실을 깨달은 사람입니다. 죄에 대한 자각은 하나님의 은혜가 자신에게 절대적으로 필요하다는 사실을 자각하게 합니다.

하나님이 절실히 필요함을 느끼는 사람은 애통할 수밖에 없습니다. 그 애통함을 통해 그의 내면은 겸손함과 온유함으로 빚어지게 됩니다.

왜 사람들이 온유하지 않습니까? 성령의 인도하심 앞에 마음의 문을 닫기 때문입니다. 내 자신의 평가를 스스로 하면 안 됩니다. 하나님의 평가 앞에서 나를 볼 수 있어야 합니다. 우리는 하나님 앞에서 자신을 절대 평가하지 않고 다른 사람들과의 비교를 통해서 상대 평가하며 살아갑니다. 돈, 지식, 세상의 가치 기준에 근거해 다른 사람과의 비교·경쟁을 통해 스스로를 평가합니다. 결국 자신의 실체를 볼 수 없습니다. 자신을 보지 못해 허영심, 교만, 자존심으로 똘똘 뭉친 존재가 됩니다. 이런 사람은 그 마음이 햇빛에 딱딱하게 굳어 버린 마른 진흙과 같게 됩니다.

반대로 하나님의 손길과 은혜 아래서 빚어진 온유한 사람은 그 마음이 부드러운 진흙과 같습니다. 하나님의 손이 만지는 대로 빚어집니다.

경청이 온유함의 바로미터입니다. 온유한 사람은 언제나 상대방의 말을 경청합니다. 훌륭한 사람은 경청을 잘합니다. 경륜, 지식, 믿음에 있어서 훌륭한 사람은 진심으로 상대방의 말을 경청합니다. 그들은 겸손함으로 상대방의 말에 집중

합니다.

　대단한 것도 별로 없고, 내세울 것도 거의 없는데 경청하지 않는 사람이 있습니다. 다른 사람의 말이 먹히지 않는 사람들이 있습니다. 사람의 말이 스며들지 않는 사람이 있습니다. 이런 사람들은 자기 생각과 자존심으로 가득 차 있어 경청하지 않습니다. 경청하지 않는 사람은 하나님 앞에서도 똑같습니다.

　설교가 들리지 않는 이유는 둘 중 하나입니다. 설교자의 메시지가 예리하지 않거나 그 메시지를 받는 마음이 너무 단단하기 때문입니다. 하나님의 말씀을 경청하지 않는 사람은 온유하지 않습니다. 온유한 사람은 지푸라기 같은 말씀 앞에서도 마음을 열고 귀를 기울이고 그 안에서 놀라운 변화를 꾀합니다.

　온유한 사람이 되려면 하나님의 빛과 기준 앞에 바로 서야 합니다. 종교개혁자 존 칼빈은 "인간이 반드시 가져야 하는 참된 지혜는 언제나 두 가지가 있는데 첫째는 하나님을 아는 지식이고 둘째는 자기 자신을 아는 지식이다. 하나님을 아는 지식과 자기 자신을 아는 지식은 서로 연결되어 있다"고 하였습니다. 무슨 말입니까? 하나님을 제대로 깨닫게 되면 나에 대한 참된 지식을 획득하게 된다는 뜻입니다.

자기의 약함을 알 때 하나님의 강함을 붙듭니다. 자신의 무지함을 알 때 하나님의 지혜로움을 의지합니다. 자신의 한계를 알 때 무한하신 하나님을 소망합니다. 온유한 사람이란 어떤 사람입니까? 자신의 빈약한 자원들 위에 서지 않고 무한하신 하나님께 자신을 맡기는 사람입니다. 그분의 손에 자신의 삶을 의탁하는 사람입니다. 그분의 보상, 그분의 섭리, 그분의 계획과 뜻이 이루어지기를 소망하면서 하나님의 두 손에 전적으로 자신을 맡기는 사람입니다.

온유한 사람은 타인에게 온유한 태도를 보입니다

우리는 하나님 앞에서 온유해야 합니다. 그리고 다른 사람 앞에서 온유해야 합니다. 하나님 앞에서 온유한 사람은 타인 앞에서도 온유합니다. 앞에서 말씀드렸듯이 팔복의 전반부 4가지 복은 하나님과의 관계에서 빚어지는 성품이고 후반부 4가지 복은 이웃과의 관계에서 표현되어야 하는 성품입니다.

전반부 세 번째 성품인 온유한 사람이 이웃과의 관계에서 보여주어야 할 모습이 무엇입니까? 후반부 3번째 성품인 화평케 하는 자가 되는 것입니다.

성도는 평화를 만드는 사람입니다. 가는 곳마다 분란과

문제를 만드는 트러블 메이커가 되면 안 됩니다. 그가 가는 곳마다 깨어진 곳이 치유되고 나누어졌던 마음들이 하나 되는 피스 메이커가 되어야 합니다.

하나님 앞에서 죄인임을 인정하는 일은 어쩌면 쉽습니다. 그러나 만일 누군가가 나를 향해 '너는 죄인이야!' 라고 말한다면 묵묵히 그 말을 인정할 수 있을까요? 인간은 누구나 부당한 평가 앞에서 견딜 수 없어 합니다. 그러나 온유한 사람은 결코 자신을 방어하거나 자랑하지 않습니다. 왜냐하면 자신에게는 방어할 것과 자랑할 것이 아무것도 없음을 알기 때문입니다. 온유한 자는 나의 나 된 것은 오직 하나님의 은혜라는 사실을 알기에 자신을 자랑하지도 방어하지도 않습니다. 오직 하나님만 자랑할 뿐입니다.

성경에서 가장 온유한 사람은 모세입니다. 하나님께서는 모세를 향하여 "이 사람 모세는 온유함이 지면의 모든 사람보다 더하더라"고 하셨습니다. 원래 모세는 온유한 사람이 아니었습니다.

이집트의 왕궁에서 왕자로 살던 어느 날, 40세의 모세는 분노를 참지 못해서 주먹으로 사람을 쳐 죽였습니다. 자기의 분노를 통제할 수 없는 야생마와 같은 사람이었습니다. 그런 모세가 미디안 광야에서 40년 동안 하나님의 손에 길들여져 온유한 사람이 되었습니다. 하나님 앞에서 그 신을 벗은 사람이 되었습니다. 하나님께는 온유한 모세의 인생 마지막 40년을 위대하게 쓰셨습니다.

80세부터 120세 때까지 이스라엘 백성들을 이끌었던 모세는 광야의 40년 동안 이스라엘 백성들로부터 부당한 비난을 자주 받아야 했습니다. 이때 모세의 온유함을 볼 수 있습니다. 그는 단 한 번도 혈기나 감정으로 맞대응하지 않습니다. 모세는 부당한 대우와 평가를 받을 때도 모든 상황을 하나님께 맡기고 잠잠히 기도했습니다. 온유한 사람은 모세처럼 사람과 세상의 평가 앞에서 감정적으로 대응하지 않습니다. 다만 하나님 앞에 기도할 뿐입니다.

다윗을 보십시오. 아들 압살롬의 반역을 피해서 한밤중에 몰래 왕궁을 빠져나와 광야로 도망치고 있었습니다. 그때 언덕에서 시므이가 나타나서 "비루한 자여, 비루한 자여"라고 소리칩니다. 속된 표현으로 '이 쓰레기 같은 인간아, 쓰레기 같은 인간아. 하나님이 너를 버렸다'라고 소리를 친 것입니다. 이 얼마나 부당한 평가입니다. 그때 다윗의 호위병이었던 아비새가 시므이의 목을 자르겠다고 할 때, 다윗이 한 말이 있습니다. "여호와께서 저에게 명하신 것이니 저로 저주하게 버려두라"(삼하 16:11)고 말합니다. 사람의 평가 앞에서 분노하지 않고 모든 것을 하나님께 맡깁니다.

예수 그리스도를 보십시오. 그분은 십자가에 달리실 때, 사람들로부터 온갖 조롱과 멸시를 당하셨습니다. 그분은 만왕의 왕이셨고 하나님의 아들이었습니다. 그러나 주님께서는 그들에게 단 한마디도 항변하지 않으셨습니다. 다만 하늘을 향하여 얼굴을 드사 "주여, 저들의 죄를 용서하옵소서. 저들은 자신들의 하는 일을 알지 못하나이다. 내 영혼을 아버지의 손에 의탁하나이다"라고 기도할 뿐이었습니다.

진짜 고수들은 하수들이 하는 평가에 반응하지 않습니다. 우리가 하나님을 몰랐을 때는 사람들의 평가가 중요했습니다. 그러나 하나님을 만나면 자신에 대한 평가가 달라지기 시작합니다. 자신이 죄인이며 거지와 같은 자임을 깨닫는 것과 동시에 그리스도의 사랑 안에서 세상에서 가장 의롭고, 존귀하며, 아름다운 인생임을 알게 됩니다. 세상의 그 어떤 평가에 의해서도 손상당하지 않는 완전한 자기 자신을 하나님 안에서 인식하는 것입니다.

온유함 자는 땅을 기업으로 받습니다

온유한 자가 받는 복이 있습니다. 땅을 기업으로 받습니다.

영어성경을 보면 "Blessed are the meek, for they will inherit the earth"(Matthew 5:5). 즉, '기업으로 받는다'라고 합니다. 영어는 기업으로 받는다는 말을 'inherit'로 번역합니다. '상속받는다'는 뜻입니다.

'상속받는다'는 것은 싸워서 빼앗는 것이 아니라, 이미 내 것으로 확정된 것을 때가 되면 아버지로부터 물려받는 것입니다. 성도가 이 세상에서 온유함으로 산다는 것은 욕심과 힘으로 무엇인가를 빼앗고 쟁취하면서 사는 것이 아니라 하나님의 때를 바라보면서 그분이 주실 때까지 기다리는 것을 의미합니다.

세상은 강한 자만이 살아남을 수 있다고 믿습니다. 이런 생각 때문에 사람들은 어떻게든 더 많이 쟁취하고 소유하려고 합니다. 세상을 기준으로 살아가는 사람들은 욕심으로 살 수밖에 없습니다. 그리스도인은 그 반대로 살아가야 합니다.

그리스도인은 세상의 물질적 가치와는 비교되지 않는 하늘의 부요함을 받게 될 하늘의 상속자입니다. 성도들이 하늘의 기업을 유산으로 물려받을 것을 확신한다면 이 세상에 있는 썩어 없어질 소유물과 재산 때문에 인생을 살지 않습니다. 먼저 그의 나라와 그의 의를 구하며 삽니다.

왜 그의 나라와 그의 구하며 삽니까? 내 인생의 모든 필요를 주님이 알고 계시고 주님께서 가장 적절할 때 가장 알맞은 방식으로 공급해 주실 것을 믿기 때문입니다.

우리는 야고보서의 말씀을 삶의 가장 중요한 원리로 꼭 붙들면 좋겠습니다. 야고보서 1장 15-17절입니다.

"욕심이 잉태한즉 죄를 낳고 죄가 장성한 즉 사망을 낳느니라 내 사랑하는 형제들아 속지 말라 온갖 좋은 은사와 온전한 선물이 다 위로부터 빛들의 아버지께로부터 내려오나니 그는 변함도 없으시고 회전하는 그림자도 없으시니라."

야고보서는 우리가 욕심으로 얻는 것은 언제나 그 끝이 사망이라고 분명하게 말합니다. 인생의 진짜 좋은 선물은 언제나 위로부터 하나님이 주시는 것을 인내와 믿음으로 취하는 것입니다.

이삭을 보십시오. 이삭은 우물을 팔 때마다 그랄 목자들이 힘들게 판 우물을 빼앗아 갑니다. 그때 이삭은 그랄 목자들과 싸우거나 다투지 않습니다. 양보하고 물러납니다. 억울한 일이 또 발생했지만 두 번째도 양보합니다. 그러나 이삭이 세 번째 우물을 파고 그 우물을 '르호봇' 곧 '하나님께서 내 지경을 넓게 하셨다'고 이름을 지었습니다. 실제로 나중에 그랄 왕이 와서 이삭 앞에 무릎을 꿇고 이삭의 삶에 역사하시는 하나님을 인정하는 역전을 허락하십니다.

우리가 하나님의 주권과 능력을 믿고 그분께 인생을 맡기고 겸손하게 기다리면 하나님께서는 우리의 인생 자체를 르호봇이 되게 하실 것입니다.

☑ 진정한 쉼은 온유한 성품을 통해 얻습니다.

예수님은 우리에게 "온유하고 겸손한 마음을 배우라"고 하시며, 진정한 쉼은 감정이나 상황의 변화가 아니라, 예수님의 성품을 닮아가는 내적 변화에서 온다고 가르치십니다. 우리 삶의 무거운 짐은 하나님이 우리 존재를 변화시켜 감당하게 하실 때 비로소 가벼워집니다.

☑ 온유함은 하나님의 손에 길들여진 힘입니다.

성경이 말하는 온유함은 힘이 없거나 약한 것이 아니라, 야생마가 조련사에게 길들여져 그 힘을 통제하는 것처럼, 하나님의 뜻에 철저히 순종하는 성품입니다. 그리스도인은 자신의 힘을 하나님의 인도하심에 맡기고 그분의 손길에 따라 살아야 합니다.

☑ 온유한 자는 하나님의 때를 기다리며 땅을 기업으로 받습니다.

온유한 사람은 자신의 욕심이나 힘으로 무언가를 쟁취하려 하지 않고, 하나님의 뜻과 때를 기다립니다. 하나님을 신뢰하며 인내하는 자는 하나님께서 약속하신 기업, 즉 땅을 상속받는 복을 누리게 됩니다.

☑ 온유함은 하나님 앞에서 나 자신을 보는 것에서 시작됩니다.

온유한 성품은 하나님 앞에서 자신의 부족함과 무능함을 깨달을 때 형성되며, 심령의 가난함과 애통함을 통해 성숙해집니다. 자신을 철저히 의지하기보다 하나님의 손에 모든 것을 맡기는 것이 온유함의 시작입니다.

☑ 온유한 자는 타인과의 관계에서 평화를 만듭니다.

하나님과의 관계에서 온유함을 배우면, 그 성품은 자연스럽게 타인과의 관계에서도 드러납니다. 온유한 사람은 사람들 앞에서 자신을 방어하지 않으며, 갈등 속에서도 화평케 하는 자로 살아갑니다.

행복, 다시 정의하다

1. 예수님의 "온유한 성품을 닮아갈 때 진정한 쉼을 누릴 수 있다"고 하셨는데, 지금 내 삶에서 감정의 문제나 상황의 변화보다 성품의 변화를 통해 얻을 수 있는 참된 쉼은 무엇일까요?

2. "온유함은 하나님의 손에 길들여진 힘이다"라고 하였습니다. 내 삶에서 하나님의 뜻에 온전히 순종함으로 길들여져야 할 부분은 무엇입니까?

3. "온유한 자는 하나님의 때를 기다리며 땅을 기업으로 받는다"고 하셨습니다. 내 삶에서 하나님의 때를 인내하며 기다려야 할 영역은 무엇이며, 내가 기대하는 하나님의 약속은 무엇입니까?

4. "온유한 성품은 하나님 앞에서 나의 부족함을 인정할 때 형성된다"는 말씀을 토대로, 내 자신을 과대평가하거나 하나님의 능력에 온전히 의지하고 있는지 나눠 봅시다.

5. "온유한 자는 타인과의 관계 속에서 화평케 하는 자로 살아간다"고 하셨습니다. 내가 속한 가정, 직장, 교회 등에서 갈등을 풀고 평화를 이루기 위해 어떻게 더 온유한 태도로 살아갈 수 있을까요?

진정한
갈망의 충족

의에 주리고 목마른 자는 복이 있나니

그들이 배부를 것임이요

__ 마태복음 5:6

"만일 우리가 이 세상에서 우리의 갈망을 온전히 채울 수 없는 이유가 있다면, 그것은 우리가 다른 세계를 위해 창조되었기 때문이다."

C.S. 루이스(C.S. Lewis)

"오, 하나님이여, 당신을 향한 갈망은 우리의 심장에 자리 잡고, 당신을 찾기 전까지는 우리의 마음이 결코 쉼을 찾을 수 없습니다."

어거스틴(Saint Augustine)

"우리는 하나님으로만 채워질 수 있는 영혼의 빈 공간을 가지고 있습니다. 그분을 찾지 않고는 영원히 배고프고 목마를 것입니다."

존 파이퍼(John Piper)

"우리가 구하는 참된 의는 우리가 소유하는 것이 아니라, 오직 하나님이 그리스도 안에서 우리에게 주시는 선물입니다."

마틴 루터(Martin Luther)

"하나님의 의에 대한 갈망은 그분께서 우리를 위해 예비해 두신 축복의 첫 단계입니다. 이 갈망은 결코 헛되지 않으며, 반드시 그분의 배부름으로 응답받을 것입니다."

찰스 스펄전(Charles Spurgeon)

"하나님의 의에 대한 갈망이란 단순한 종교적 의무가 아닙니다. 그것은 우리의 영혼 깊은 곳에서 솟아오르는 생명의 갈망입니다."

존 웨슬리(John Wesley)

"의에 주리고 목마르다는 것은 우리가 우리 자신이 아닌 예수 그리스도를 위해 살아갈 때 경험하는 가장 큰 축복입니다. 그분 안에서 우리는 참된 배부름을 얻습니다."-『제자도』

디트리히 본회퍼(Dietrich Bonhoeffer)

영혼의 공복감은 말씀으로 채워야 합니다

스즈키 류이치의 『미각력』이란 책이 있습니다. 인간의 오감 중에서 사람들은 시각과 청각을 중요하게 생각합니다. 시력검사와 청력검사를 자주 합니다. 이 두 가지 감각에 문제가 생기면 돈을 투자해서 안경이나 보청기를 사서 사용하기도 합니다. 하지만 미각의 중요성을 아는 사람은 많지 않습니다. 작가는 미각이 우리의 건강과 질병에 직결되었다고 주장합니다.

현대 성인병의 주요한 원인은 잘못된 식습관에서 비롯된 뒤틀린 입맛 때문입니다. 그러므로 건강한 삶을 사는 비결은 좋은 음식에 대한 바른 식욕을 회복하는 것입니다.

영적인 건강함도 마찬가지입니다. 육체가 음식을 갈망하는 것처럼, 우리의 영혼도 고유한 식욕을 가지고 있습니다. 사람은 영혼의 공복감을 가지고 살아갑니다. 무엇으로도 잘 채워지지 않는 마음의 결핍과 공허함입니다.

왜 인간에게는 영혼의 공복감을 채우려는 갈망이 존재할까요? 인간의 마음은 하나님으로 채워야만 참된 만족을 누리기 때문입니다. 유명한 철학자 파스칼은 "인간의 마음속에는 하나님이 만드신 하나의 공간, 즉 공백이 있다. 이것은

행복, 다시 정의하다

110

어떠한 피조물로도 채울 수 없고 하나님만이 채워주실 수 있는 공백이다" 라고 말했습니다.

인간은 육체의 70%가 물로 이루어져 있기 때문에 날마다 갈증을 해갈해야 합니다. 영혼의 체질도 동일합니다. 하나님 께서 인간을 창조하실 때 흙으로 빚으시고 그 코에 생기를 불어넣으셨습니다. 다시 말해서 인간은 땅의 요소와 하늘의 요소로 빚어진 존재입니다. 흙에서 창조되었기에 물질세계의 공급이 필요합니다. 동시에 하나님의 형상을 가지고 있기 때문에 하늘의 공급이 필요합니다. 인간은 하나님이 주시는 은혜 없이는 만족할 수 없는 체질로 창조되었습니다.

문제는 사람들 안에 하늘을 향한 목마름이 보이지 않는다는 것입니다. 한국에서 천만 관객 돌파 영화가 몇 편이나 될까요?

최초로 천만 관객을 돌파한 <실미도>에서부터 최근 <기생충>까지 27편이 넘습니다.

영화 한 편을 보기 위해 1,000만 명의 사람이 영화관을 찾습니다. 사람들은 내면의 목마름을 채우기 위해 영화관, 클럽, 운동 경기장 등을 찾습니다.

유튜브에서 가장 많은 조회 수가 나오는 영상 중에 하나가 '먹방'입니다. 어마어마한 양의 음식들을 차려 놓고 1시간 내내 먹기만 하는 데, 조회 수가 100만 회가 넘습니다.

반면 모든 교회가 하늘의 풍성한 양식인 설교 영상을 업로드합니다. 소수의 유명한 목사님의 설교 영상 외에는 유튜브에서 가장 조회 수가 안 나오는 영상이 설교 영상입니다. 이것은 하늘 양식에 대한 욕구 자체가 없다는 것을 반증합니다.

우리는 영혼의 공복감을 느끼며 살아가야 합니다. 세상 것을 갈망하는 것이 아니라 하나님의 말씀에 대한 갈망을 채우기 위해 살아야 합니다.

우리의 영혼은 목마름이 있습니까?

오늘날 기독교인의 가장 큰 위험은 영적인 것에 대한 목마름이 없는 것입니다. 오늘은 팔복의 4번째 복입니다. 마태복음 5장 6절입니다. "의에 주리고 목마른 자는 복이 있나니 그들이 배부를 것임이요." 여기서 "의에 주리고 목마름"이란 무엇일까요? 팔복의 구조를 유심히 보십시오. "의에 주리고 목마름"이 앞의 세 가지 복과 뒤의 네 가지 복을 연결하는 고리 역할을 합니다.

앞의 세 가지 복은 하나님과의 관계성 속에서 형성되는

내적 성품입니다. 뒤의 네 가지 복은 사람들과의 관계 속에서 형성되는 외적 성품들입니다.

앞의 세 가지 복은 네거티브한 특징을 가집니다. 뒤의 네 가지 복은 포지티브한 특징을 가집니다. 즉, 심령의 가난함, 애통함, 온유함은 거짓된 자아를 허무는 단계입니다. 하나님께서 한 사람을 온전히 구원하실 때 가장 먼저 주시는 은혜가 심령의 가난함, 애통함, 그리고 온유함입니다. 하나님은 이 세 가지를 통해 세상을 향한 욕구들을 비워 내십니다. 이 세 가지를 비우는 과정은 해독의 과정이고 영혼의 입맛을 교정하는 과정입니다.

참된 복은 자신을 부정하는 단계로부터 시작되어야 합니다. 하나님께서는 두 손에 진리라는 검과 고난이라는 망치를 들고 단단한 우리의 마음을 조금씩 깨부숩니다. 그래서 하나님의 눈으로 자신을 보게 하십니다. 자신이 하나님 앞에서 가난한 자임을 깨닫게 하십니다. 우리는 하나님 앞에서 자신이 죄인이라는 사실을 뼛속 깊이 깨달아 애통해야 합니다.

죄인이라는 사실을 인지할 때 자기중심성이 조금씩 허물어집니다. 그리고 온유한 자가 되어 하나님의 손에 온전히 붙들리게 됩니다. 여기까지는 자기 비움과 자기 절망의 단계입니다.

내려놓아야 채워집니다

하지만 기독교는 자기 비움과 자기 절망의 단계에 그치지 않습니다. 기독교는 욕망을 부정하고 비움 그 자체만을 추구하지 않습니다. 비움은 과정이며 최종 목적은 채움입니다.

이 채움을 위하여 "의에 주리고 목마른 자의 복"이 네 번째로 등장합니다. 내려놓음의 동의어는 채워주심입니다. 하나님께서 한 사람의 인생에 복을 주는 공식은 분명합니다. 나의 것을 내려놓게 하시고 그분의 것으로 채워주십니다.

마태복음 6장 31절-33절에 이렇게 말씀합니다. "그러므로 염려하여 이르기를 무엇을 마실까 무엇을 입을까 하지 말라 이는 다 이방인들이 구하는 것이라 너희 하늘 아버지께서 이 모든 것이 너희에게 있어야 할 줄을 아시느니라 그런즉 너희는 먼저 그의 나라와 그의 의를 구하라 그리하면 이 모든 것을 너희에게 더하시리라."

이 말씀을 보면 사람은 언제 행복해집니까? 삶의 우선순위가 분명할 때입니다. 먼저 바른 것에 목말라할 때 인간은 진정으로 행복할 수 있습니다. 먼저 그의 나라와 그의 의를 구할 때 우리의 모든 결핍과 필요를 채워주시는 하나님을 경험할 수 있습니다.

우리는 하나님을 경험해야 합니다. 하나님을 경험하지 못하면 진정한 만족을 누리지 못합니다. 오늘날 인간이 진정한 만족을 누리지 못하는 가장 큰 원인은 무엇일까요? 의(義)에 주리고 목마른 것이 아니라 이(利)에 주리고 목말라하기 때문입니다.

이로울 이('利')는 禾(벼 화)에 刂(칼 도)가 합쳐진 글자입니다. 칼로 벼를 수확하여 창고에 쌓아 놓을 때 이익을 얻는다는 의미입니다. 한마디로 소유를 통한 행복을 추구하는 삶의 방식입니다. 인간은 무엇을 먹을까, 무엇을 입을까, 무엇을 마실까의 문제에 천착하면서 살아갑니다. 성경은 반대로 말씀합니다. 성경은 '의'에 주리고 목마른 자가 진정으로 행복할 것이라고 말씀합니다.

한자는 상형문자로서 하나님의 창조질서 안에서 나타나는 자연현상을 관찰하여 만든 글자입니다. 따라서 한자 안에는 일반계시의 은총이 담겨져 있습니다.

義(의로울 의)는 羊(양 양)과 我(나 아)가 합쳐진 글자입니다. 왜 의로울 의(義)가 인간 위에 양을 짊어지고 있는 모습일까요? 我(나 아)=手(손수)와 戈(창과)를 쓰고 있습니다. 다시 말해서 의로울 의(義)자는 내가 든 창으로 양을 잡아 그 죽은 양을 내 머리에 지고 있는 형상입니다.

왜 인간이 양을 잡아 머리 위에 짊어질 때 의로워질 수 있나요? 오늘날 인간이 직면하는 모든 문제는 하나님과 바른 관계가 깨어져 있기 때문입니다. 감정과 정신과 육체와 인간관계와 사회 안에서 발생하는 모든 문제의 근본적 원인은 하나님과 깨어진 관계로부터 비롯됩니다.

인간이 이 관계를 깨는 것은 언제나 하나님과 내 영혼을 막고 있는 '죄' 때문입니다. 그러므로 의에 대한 목마름이란 하나님과의 바른 관계를 회복하고자 하는 욕구이면서 죄를 제거하려는 욕구입니다. 죄의 문제가 해결되어야 인간은 하나님 앞에 온전히 설 수 있고 하나님과 바른 관계를 회복할 수 있기 때문입니다.

의롭게 되는 것은 예수 그리스도의 피로만 가능해집니다

인간은 하나님과 온전한 관계를 회복해야 합니다. 인간이 하나님 앞에 온전한 관계를 회복하려면 방법은 하나밖에 없습니다. 세상 죄를 지고 가신 어린양 예수 그리스도를 내 삶에 받아들이는 것입니다. 로마서 5장 1-2절입니다.

"그러므로 우리가 믿음으로 의롭다 하심을 받았으니 우리 주 예수 그리스도로 말미암아 하나님과 화평을 누리자 또한 그로 말미암아 우리가 믿음으로 서 있는 이 은혜에 들어감을 얻었으며 하나님의 영광을 바라고 즐거워하느라.”

하나님과 깨어진 관계를 회복하는 유일한 길은 믿음으로 의롭다 함을 얻는 길밖에 없습니다.

믿음으로 의롭다 함을 얻는다는 것에 대해 바울은 로마서 3장 25-26절을 통해 분명하게 설명합니다.

“이 예수를 하나님이 그의 피로써 믿음으로 말미암는 화목제물로 세우셨으니 이는 하나님께서 길이 참으시는 중에 전에 지은 죄를 간과하심으로 자기의 의로우심을 나타내려 하심이니 곧 이때에 자기의 의로우심을 나타내사 자기도 의로우시며 또한 예수를 믿는 자를 의롭다 하려 하심이라.”

왜 의로울 의(義)자가 사람이 양을 머리에 짊어지고 있는 형상으로 표현되고 있습니까? 인간은 내 죄를 대신하여 화목제물이 되셔서 십자가에서 죽임을 당하신 예수 그리스도를 믿을 때에 하나님 앞에 설 수 있는 의로움을 얻기 때문입니다. 이것 외에는 다른 길이 없습니다. 그러므로 의에 주리고 목마른 자가 된다는 것은 더 이상 나의 도덕성, 의로움, 종교적 열심을 의지하여 인생의 의미를 찾거나 하나님 앞에 서려는 모든 노력과 의도를 포기하는 것입니다. 그리고 나의 죄를 위하여 죽으시고 나의 의로움을 위하여 부활하신 예수 그리스도만을 소망하는 것입니다. 다시 말해서 '의'에 주리고 목마름이란 다름 아닌 예수 그리스도 그분에 대한 목마름 그 이상도 이하도 아닌 것입니다.

인간의 마음이 배고파야 합니다

우리는 의에 주리고 목말라야 합니다. 의에 주리고 목마를 때 예수를 믿는다는 것의 정확한 의미를 발견할 수 있습니다. 왜 팔복의 네 번째 복을 "예수를 믿으면 복이 있나니 저희가 배부를 것이요"라고 하지 않고 "의에 주리고 목마른 자가 배부를 것이다" 라고 하는 것일까요? 우리가 가져야 할 믿음의 참된 성격이 어떤 것인지 말해 주고 싶기 때문입니다. 믿음은 고정된 어떤 지식이나 신념 체계가 아니라 마음의 역동적인 갈망입니다.

인간의 마음은 근본적으로 무엇인가를 추구하게 되어 있습니다. 인간의 마음은 궁극적인 것을 추구하는 경향성이 있습니다. 그래서 하나님을 알지 못할 때, 우리는 폭식증 환자처럼 세상의 것을 추구합니다. 그러나 하나님을 만나면 영혼의 건강한 식욕을 회복하고 하나님의 은혜를 사모하게 됩니다.

믿음이란 예수 한 번 믿으면 모든 것이 완성되는 것이 아

행복, 다시 정의하다

118

닙니다. 믿음생활의 승리는 우리가 어떻게 주님께서 부르시는 그날까지 예수님을 향한 갈망과 목마름을 유지하는가에 달려 있습니다. 믿음이란 인간의 마음, 뜻, 목숨 그리고 힘을 다하여 그분을 사랑하고 그분을 추구하며 평생을 살 수 있는가의 싸움입니다.

건강한 사람이 매일 아침 강한 식욕으로 아침밥을 찾는 것처럼, 우리의 영혼은 날마다 하나님의 은혜를 강하게 사모하는 상태를 유지해야 합니다.

팥죽 한 그릇에 장자권을 팔아 버린 에서를 생각해 보십시오. 사냥하고 돌아왔을 때, 그는 너무나 배가 고팠기 때문에 아무것도 눈에 들어오지 않았습니다. 그래서 팥죽 한 그릇에 장자권을 팔아 버리는 우를 범했습니다. 배고픈 사람에게는 음식 말고는 만족하게 해 줄 수 있는 것이 아무것도 없습니다.

우리의 영혼도 이와 같아야 합니다. 하나님이 부어 주시는 은혜가 없으면 결코 행복해질 수 없는 마음의 상태여야 합니다. 세상의 온갖 즐거움으로 우리의 삶이 가득 차도 하나님의 은혜가 없다면 예리하고 진한 마음의 고통을 느껴야 합니다. 우리가 기도하지 않고 말씀을 보지 않고 예배의 감격이 사라져도 전혀 마음의 고통과 목마름이 없다면 우리의 영혼이 심각한 상태에 처해 있음을 알아야 합니다. 즉각 회개하고 의를 향한 목마름을 회복해야 합니다.

영적 굶주림을 상태를 유지해야 합니다

우리는 어떻게 영적 굶주림의 상태를 항상 유지할 수 있을까요?

첫째, 영혼의 갈망을 방해하는 것들을 피해야 합니다. 세상의 '달콤한 것'이 건강한 식욕을 망쳐 놓습니다. 사탕을 십분만 입에 물고 있어도 밥맛이 나지 않습니다. 이와 같이 감미로운 세상 기쁨을 지나치게 추구하면 그리스도의 은혜에 대한 영적 식욕을 잃어버리게 됩니다.

C. S. 루이스는 『영광의 무게』(The weight of Glory)라는 책에서 이렇게 말합니다.

"인간의 문제는 우리의 욕망이 너무 강한 것이 아니라 너무 약한 데 문제가 있습니다. 우리는 마음이 냉담한 피조물입니다. 영원한 기쁨을 받아도 술과 섹스, 야망이라는 장난감을 가지고 어리석은 짓을 합니다. 마치 무지한 아이가 빈민굴에서 진흙 파이를 만드는 것과 같습니다. 바닷가에서 휴일을 보낼 수 있다는 것을 상상도 못한 채 말입니다. 우리는 너무 쉽게 만족해 버립니다."

우리가 예수를 믿고 거듭났어도 세상의 것들에 취해 살면 마치 멋진 바닷가에서 보내는 최고의 휴일에 대해 무관심한 채 빈민굴에서 진흙을 파며 노는 아이처럼 인생을 살 수 있다는 것입니다.

둘째, 영적 식욕을 자극하는 경건을 연습해야 합니다. 운동하면 식욕이 살아납니다. 우리들도 경건에 이르는 연습을 날마다 해야 합니다. 오늘날 많은 그리스도인이 영적 비만에 걸려있습니다. 은혜의 흡수량은 많은데 영적 운동이 부족합니다. 그러다 보니까 에너지는 소비되지 않은 채 체내에 쌓여 있습니다. 그 결과 식욕부진 상태가 됩니다.

행동하지 않는 그리스도인, 순종하지 않는 그리스도인도 이와 같습니다. 사도 바울은 행동하는 그리스도인이 되기 위해 경건에 이르도록 연습하라고 합니다. '연습하라'는 단어는 헬라어로 운동선수들이 구슬땀을 흘리면서 체력훈련을 하는 모습을 의미하는 단어입니다.

성도는 삶의 현장에서 말씀을 따라 살려고 노력해야 합니다. 단 하나라도 삶 속에서 실천하고 행동하게 되면, 영혼의 갈망이 더욱 살아나는 것을 경험하게 될 것입니다. 그러므로 개념적 신앙에 고착되는 것에 저항하고 행동과 실천의 신앙에 돌입하셔야 합니다. 섬김의 자리, 봉사의 자리, 나눔의 자리를 적극적으로 찾으셔야 합니다.

예수만이 우리를 의롭게 합니다

우리가 영적 굶주림 상태가 되면 결국에는 진정으로 배부를 것입니다. 의에 주리면 목마르면 받게 되는 복은 놀라운 결과로 드러납니다. 즉, 복의 즉각성과 완전한 충족성입니다.

오늘 예수님께서는 "의에 주리고 목마른 자는 복이 있나니 그들이 배부를 것"이라고 선언하셨습니다.

요한복음 6장 35절에 예수님은 말씀하셨습니다.

"예수께서 이르시되 나는 생명의 떡이니 내게 오는 자는 결코 주리지 아니할 터이요 나를 믿는 자는 영원히 목마르지 아니하리라."

그리고 시편 107편 9절에서는 "그가 사모하는 영혼에게 만족을 주시며 주린 영혼에게 좋은 것으로 채워주심이로다"고 말씀하셨습니다.

여기에 예수님의 축복이 있습니다. 인간의 욕심은 우주보다 커서 이 세상 모든 것을 다 쏟아부어도 만족을 모릅니다. 그러나 하나님을 추구하고, 그분의 의를 추구하는 사람에게 하나님은 진정한 만족과 행복을 주십니다. 누구든지 지금 이 순간 목마름으로 하나님 앞으로 나아가면 그 즉시 그 영혼은 만족함을 누리게 될 것입니다.

앞에서 '의로울 의(義)' 자가 어린양을 잡아 머리에 짊어지는 형상이라고 말씀드렸습니다. 그런데 의로울 의(義)자가 다 담지 못하는 예수 그리스도에 대한 진리가 있습니다. 예수 그리스도는 우리의 죄를 위하여 죽으신 어린양이실 뿐 아니라 우리의 의로움을 위하여 다시 살아나신 부활의 주님이라는 것입니다.

기독교 복음은 나의 죄를 위하여 죽으신 2,000년 전의 예수를 믿을 뿐 아니라 부활하여 오늘 내 삶에 임재하시는 그리스도를 믿는 것입니다. 우리는 의에 주리고 목이 말라야 합니다.

왜 의에 주리고 목마른 자는 즉시 배부름을 얻게 됩니까? 부활하신 주님께서 지금 우리의 마음 문 앞에 서 있기 때문입니다.

요한계시록 3장 20절을 보면 "볼지어다 내가 문 밖에 서서 두드리노니 누구든지 내 음성을 듣고 문을 열면 내가 그에게로 들어가 그와 더불어 먹고 그는 나와 더불어 먹으리라"고 말씀합니다.

영혼의 만족을 위하여 평생을 소진하며 온 세계를 누비고 다녀도 얻을 수 없는 그 행복이 지금 여러분의 마음 앞에 기다리고 있습니다. 그것은 우리의 의로움과 거룩함과 소망이 되시는 부활하신 예수 그리스도입니다.

그분께 마음을 여십시오. 그분을 갈망하십시오. 그분을 여러분의 구주와 주님으로 온전히 받아들이십시오. 그러면 그분께서 여러분의 인생 안으로 찾아오셔서 세상이 줄 수 없는 진정한 만족과 기쁨을 허락하실 것입니다.

Key Point

☑ **영혼의 공복감은 하나님으로만 채울 수 있습니다.**

인간의 영혼은 본질적으로 하나님을 갈망하며, 세상의 그 어떤 것으로도 그 공허함을 채울 수 없습니다. 진정한 만족은 하나님께서 주시는 말씀과 은혜로만 가능하다는 사실을 기억하며 살아야 합니다.

☑ **의에 주리고 목마른 자는 하나님과의 바른 관계를 갈망합니다.**

'의에 주리고 목마르다'는 것은 단순한 도덕적 갈망이 아니라, 하나님과의 깨어진 관계를 회복하려는 깊은 영적 열망을 의미합니다. 우리 삶의 중심이 하나님과의 관계 회복에 있어야만 참된 행복을 누릴 수 있습니다.

☑ **내려놓음은 하나님의 채우심을 위한 첫걸음입니다.**

자신을 비우는 것은 단순한 자기 절제가 아니라, 하나님의 의로 채워지기 위한 준비 과정입니다. 우리는 자신의 욕망을 내려놓을 때 하나님께서 의로 채워주시는 은혜를 경험하게 됩니다.

☑ **참된 의는 예수 그리스도를 통해 얻을 수 있습니다.**

우리의 의로움은 스스로 이룰 수 있는 것이 아니라, 오직 예수 그리스도의 희생과 그분을 믿는 믿음으로 주어지는 선물입니다. 그리스도를 향한 갈망과 믿음이 우리의 삶을 인도해야 합니다.

☑ **영적 갈망을 유지하며 살아가는 삶이 필요합니다.**

믿음은 한 번의 결단으로 끝나는 것이 아니라, 끊임없이 하나님을 향한 목마름을 유지하며 살아가는 지속적인 과정입니다. 우리는 매일 하나님을 사모하고 그분의 은혜로 우리의 영혼을 채워야만 진정한 만족과 평안을 얻을 수 있습니다.

1. '의에 주리고 목마른 자가 배부를 것'이라는 말씀을 비추어 볼 때 지금 나는 하나님의 말씀과 은혜로 영혼을 채우기 위해 얼마나 간절히 갈망하고 있나요?

2. '이(利)에 주리고 목마르지 말고, 의(義)에 주리고 목마르라'는 도전처럼, 나는 세상의 이익과 성공보다 하나님과의 바른 관계를 더 우선순위에 두고 있습니까?

3. 의로움에 주리고 목마른 삶을 위해 어떤 구체적인 실천이 필요하다고 생각하시나요?

4. 영혼의 공복감을 세상의 것들이 아닌, 하나님으로 채웠을 때 나타났던 구체적인 변화나 평안함을 되돌아보며, 그 경험이 나의 영적 여정에서 어떤 의미가 있었는지 나누어 보세요.

5. 영혼의 건강한 식욕을 잃게 만드는 세상의 유혹들을 돌아보며, 그것들을 어떻게 피하고 하나님을 향한 갈망을 회복할 수 있을지 함께 고민해보세요.

◁◀◆▶▷

자비로운
마음의 행복

긍휼히 여기는 자는 복이 있나니

그들이 긍휼히 여김을 받을 것임이요

___ 마태복음 5:7

"긍휼은 우리가 하나님께 받은 사랑을 다른 이들에게 흘려보내는 것이다. 하나님의 자녀는 반드시 이 사랑의 통로가 되어야 한다."

존 칼빈(John Calvin)

"긍휼은 고통받는 자를 향한 그리스도인의 의무다. 긍휼을 실천하지 않는 자는 그리스도께서 베푸신 긍휼을 이해하지 못한 자이다."

찰스 스펄전(Charles Spurgeon)

"긍휼은 그리스도인이 이 세상에서 하나님을 나타내는 최고의 방법이다. 우리는 다른 사람들을 긍휼히 여기지 않고는 하나님을 진정으로 보여줄 수 없다."

마틴 루터(Martin Luther)

"긍휼이란 다른 이의 상처를 나의 손으로 만지는 것이다. 그들을 치유할 수는 없지만, 그들의 상처에 사랑의 손길을 전할 수는 있다."

헨리 나우웬(Henri Nouwen)

"긍휼이 있는 사람은 하나님의 마음을 가장 잘 이해하는 사람이다. 하나님께서 우리를 긍휼히 여기시듯이, 우리는 세상을 향해 긍휼을 베풀어야 한다."

A.W. 토저(A.W. Tozer)

"긍휼은 우리의 마음을 부드럽게 하고, 이웃의 상처와 고통을 덜어주는 도구가 된다. 그것은 우리가 하나님의 은혜를 전달하는 방식이다."

리처드 포스터(Richard Foster)

"긍휼은 용서와 연결되어 있다. 우리가 사람들을 긍휼히 여길 때, 우리는 그들의 죄와 실수에도 불구하고 그들을 끌어안고 용서할 수 있는 힘을 얻게 된다."

데즈먼드 투투(Desmond Tutu)

Good 크리스천이 아니라 Great 크리스천이어야 합니다

팔복의 전반부 4가지 복은 하나님 앞에서 형성되는 내면의 복이고 후반부 4가지 복은 이웃과의 관계에서 표현되는 외적인 복입니다.

기독교는 한 사람의 인생을 변화시키는 방식에 있어 세상과 근본적으로 다른 접근을 합니다. 세상의 모든 종교와 도덕은 언제나 'Doing'에서 출발해서 'Being'으로 갑니다. 선한 행동이 쌓여 선한 사람이 될 수 있다고 생각합니다.

기독교는 Being을 먼저 말하고 그 후에 Doing을 말합니다. 인간은 스스로의 노력이나 행동으로 선한 존재로 변화되지 않습니다. 하나님에 의해서만 바뀝니다. 우리의 내면을 바꾸실 수 있는 분은 오직 하나님 한 분밖에 없습니다. 우리는 하나님 앞에 서는 것을 즐겨해야 합니다. 우리가 하나님 앞에 설 때 비로소 자신이 하나님의 은혜가 절대적으로 필요한 존재라는 것을 깨닫게 되기 때문입니다.

Good Preaching과 Great Preaching의 차이가 무엇일까요? 좋은 설교는 대부분 설교자의 능력과 관련이 있습니다. 좋은 음성, 성경해석의 정확성, 커뮤니케이션의 탁월함, 예화의 적절성과 같이 설교자가 가진 능력이 좋은 설교와

행복, 다시 정의하다

나쁜 설교를 결정합니다. 하지만 좋은 설교로는 사람을 감동시킬 수는 있어도 변화시킬 수 없습니다. 위대한 설교만이 사람들의 마음을 움직이고 변화시킬 수 있습니다.

좋은 설교와 위대한 설교를 구분하는 차이점은 무엇일까요? 설교자에게 임하는 성령의 능력입니다. 그리스도인의 삶도 마찬가지입니다. 우리는 노력해서 좋은 그리스도인이 될 수 있습니다. 하지만 하나님이 원하시는 것은 Good 크리스천이 아니라 Great 크리스천입니다. 위대한 그리스도인들만이 세상에 하나님 나라를 이루고 그분의 뜻을 실현할 수 있습니다. 우리가 Great 크리스천이 되려면 성령의 능력이 필요합니다.

Great 크리스천이 되려면 먼저 하나님의 깊은 임재 안에서 팔복의 전반부 4가지 복을 경험해야 합니다. 예배에 목숨을 걸고 기도에 헌신해야 합니다. 예배 가운데 임재하시는 하나님을 만남으로 먼저 우리의 존재가 새로워져야 합니다.

우리 내면 안에서 전반부 4가지 복이 이루어지면 비로소 우리의 현실 세계를 향해 후반부 4가지 복이 흘러가기 시작합니다. 현실 세계에서 드러나는 후반부 4가지 복 중에 가장 먼저 나오는 것이 타인에 대한 긍휼함입니다.

의로움은 타인을 향한 긍휼함으로 연결되어야 합니다

이웃과의 관계에서 드러나는 첫 번째 복이 긍휼입니다. 긍휼히 여기는 자는 예수 안에서 거듭나서 예수로 살아가는 사람의 모습입니다. 현실 세계에서 나타나는 후반부 4가지 복중 왜 긍휼함이 가장 먼저 등장할까요? 인간은 긍휼함이 필요하기 때문입니다.

우리는 팔복의 순서를 주의 깊게 봐야 합니다. 네 번째 '의에 주리고 목마른 자의 복' 뒤에 다섯 번째 복인 '긍휼히 여기는 자의 복'이 등장합니다. 여기에 필연적인 연결성이 있습니다. 의로움과 긍휼함은 동전의 양면과 같습니다.

하나님의 택한 백성인 이스라엘이 하나님께 버림을 받은 이유가 있습니다. 예수님께서 서기관과 바리새인들을 향해 독설을 쏟아부으신 이유가 있습니다. 그들 안에 의로움이 없었기 때문이 아닙니다. 그들은 대단히 의로운 사람들이었습니다. 예수님께서 환영하셨던 세리나 창기와 비교해 보면 바리새인은 몇십 배 높은 도덕적인 삶과 종교적인 삶을 추구했던 사람들입니다. 이런 사람들을 주님께서 왜 책망하셨을까요? 그들의 종교적 의로움이 타인을 향한 긍휼함으로 연결되지 않았기 때문입니다.

하나님은 타인을 향해 긍휼함을 흘려보내는 사람을 찾으신다

세상에는 두 종류의 의로움이 있습니다. 타인을 죽이는 의로움과 타인을 살리는 의로움입니다. 타인을 죽이는 의로움은 그 사람이 의로워질수록 주변 사람들이 상처받습니다. 반면 살리는 의로움은 가는 곳마다 주변 사람들이 살아나고 함께 의로워집니다.

죽이는 의로움은 종교와 도덕 안에서 만들어 가는 '자기 의'입니다. 스스로의 선행과 노력으로 만들어 가는 의입니다. 팔복의 네 번째에서 말하는 '의에 주리고 목마른 자'란 자기 의가 아니라 복음이 주는 그리스도의 의입니다. 하나님을 진짜 만나면 '자기 의'가 하나님 앞에서 더러운 옷과 같다는 사실을 깨닫습니다. 자신의 실체를 봅니다. 스스로 자신의 죄를 해결할 수 없음을 자각합니다. 자신의 죄를 해결하는 유일한 길은 오직 하나님의 은혜밖에 없다는 사실을 깨닫습니다. 그래서 그는 하늘로부터 오는 의를 구합니다.

예수님을 진짜 만난 사람이 가진 가장 중요한 인식이 있습니다. '모든 것이 하나님의 은혜구나!' 라는 생각입니다. 이전까지는 내가 잘해서 하나님의 의를 누린다고 생각했습니다. 종교 안에서 형성된 이런 생각은 자신을 자랑하고 타인을 우습게 여기는 태도를 갖게 합니다. 하지만 의에 주리고 목마름을 아는 순간 달라집니다. 주님 앞에 서는 순간 십자가에서 베푸신 하나님의 은혜가 나를 살렸음을 깨닫습니다. 내 실력으로 사는 것이 아니라 하나님의 긍휼로 사는 인생임을 자각합니다. 그러니 타인에 대한 시선과 생각이 변화될 수밖에 없습니다.

성 프란체스코의 제자가 환상 중에 하늘나라를 구경했습니다. 가장 빛나는 높은 곳에 하나님께서 앉아 계시고 그 옆에 빈 보좌가 있었습니다. 제자는 하나님께 "저 보좌는 누구의 것입니까"라고 물었습니다. 하나님께서는 "세상에서 가장 겸손한 프란체스코가 앉을 의자다"라고 대답하셨습니다. 이 말을 들은 제자는 부러움에 스승에게 조용히 가서 물었습니다. "선생님은 자신을 어떤 사람이라고 생각하십니까?" 프란체스코는 "나는 이 세상에서 가장 악한 사람이다"라고 답합니다. 제자는 방금 본 환상을 생각하면서 말합니다. "말도 안됩니다. 모두가 선생님을 성자라고 부르지 않습니까? 이 세상에는 온갖 죄인들이 많은데 어떻게 선생님이 가장 악하다고 할 수 있습니까?" 그때 마침 흉악범이 경찰들에게 붙들려서 끌려가고 있었습니다. 프란체스코는 그 범죄자를 가리키며 말합니다. "그건 자네가 나를 몰라서 그러네. 만일 하나님께서 내게 주신 은혜를 저 범죄자에게 주었다면 저 사람은 나보다 더 훌륭한 사람이 되었을 거야! 내가 얼마나 큰 긍휼과 은혜를 받고 사는지 자네는 모르고 있다네."

프란체스코가 하는 고백이 참된 그리스도인의 자기 인식입니다. 우리의 인생 전체가 하나님의 긍휼함에서 비롯되었습니다. 깨어진 세상을 치유하기 위해 하나님이 부르시는 사람은 긍휼함을 지닌 사람입니다. 하나님의 긍휼을 타인을 향해 흘려보내는 사람을 찾으십니다.

우리는 긍휼의 마음으로 타인을 대해야 합니다

우리는 긍휼의 마음으로 사람을 대해야 합니다. 이 마음이 크리스천의 첫 번째 특징이며 거듭남의 명백한 증거입니다.

크리스천이 긍휼히 여기는 사람이 되는 것은 의무나 명령 때문이 아닙니다. 내가 구원받은 하나님의 자녀라면 타인에 대해 긍휼로 살 수밖에 없습니다.

포도나무에 붙어 있는 가지가 포도 열매를 맺는 것처럼 예수님을 진짜 만나면 그의 삶에서 예수님의 성품이 드러날 수밖에 없습니다. 예수님의 가장 두드러진 성품이 긍휼함입니다. 예수를 닮았다는 것은 예수처럼 긍휼히 여기는 사람이 되는 것입니다.

하루는 성 프란체스코가 제자들과 함께 40일 금식을 합니다. 욕망을 절제하여 더욱 주님을 닮아 가려는 영적 훈련으로 합니다. 스승과 제자들은 매일 아침 그들 가운데 맛있는 스프를 놓아두고 욕망을 절제하며 금식기도에 매진합니다.

마지막 하루를 남겨 놓은 39일이 되었을 때 문제가 터집니다. 신참 수도승이 배고픔의 유혹을 이기지 못하고 스프를 한 숟가락 입에 넣었습니다. 그 순간 함께 금식하던 선배 수도승들은 눈을 부릅뜨고 그 젊은 제자를 노려봅니다. 분노하는 제자들은 스승이 어떻게 반응할지 궁금해하며 프란체스코를 바라봅니다. 이 모습을 지켜보던 프란체스코는 말없이 수저를 집어 들더니 젊은 제자가 먹었던 그 스프 한 그릇을 다 먹어 치워 버립니다. 그리고 조용히 말합니다.

"우리가 금식을 하는 이유는 예수님의 인격을 닮아 서로를 긍휼히 여기고 사랑하기 위함입니다. 유혹을 이기지 못하고 스프를 먹은 이 젊은이보다 그를 정죄하고 배척하는 여러분들이 지금 더 큰 죄를 짓고 있다는 사실을 알아야 합니다. 금식하면서 서로를 미워하는 것보다 실컷 먹고 사랑하는 것이 낫습니다."

이 이야기는 이 시대의 기독교가 놓치고 있는 것이 무엇인지를 말합니다. 예수가 원하시는 것은 우리의 종교적 열심이 아닙니다. 내 삶의 자리에서 타인을 향하여 긍휼함으로 사는 것입니다. 이것이 크리스천이 맺어야 할 열매입니다.

왜 예수님께서 일만 달란트 빚진 자의 비유를 말씀하셨는지를 생각해 보십시오. 일만 달란트는 오늘의 돈으로 환산하면 수십조에 해당하는 어마어마한 돈입니다. 다시 말해서 인간의 힘으로는 결코 갚을 수 없는 빚입니다. 임금은 엎드려 울면서 자비를 구하는 그를 긍휼히 여겨 한 번에 모든 빚을 면제해 줍니다.

면제를 받은 사람은 거리에 나가자마자, 자신에게 백 데나리온 빚진 자를 만납니다. 백 데나리온은 1년치 연봉입니다. 오늘날 수 천만 원에 해당하는 큰 돈이지만 그가 면제받은 일만 달란트에 비교하면 껌값에 불과합니다. 자신은 임금이 베푼 긍휼함으로 탕감받았지만 정작 자신은 긍휼을 원하는 채무자를 감옥에 감금시켜 버립니다. 이것을 본 임금이 그를 다시 붙들어서 감옥에 투옥합니다. 일만 달란트를 다 갚기 전까지는 결코 감옥에서 나올 수 없다고 말합니다.

왜 일만 달란트 빚진 자는 백 데나리온 빚진 자를 용서하지 못했을까요? 자신이 받은 긍휼의 무한함을 망각했기 때문입니다.

예수님께서 오늘 우리에게 이 비유를 남기신 이유는 분명합니다. 우리가 정말 예수님의 무한한 긍휼로 인해 용서함을 받아 구원받았다면 이 세상을 살면서 면제하지 못할 빚이 없고 용서하지 못할 잘못이 없다는 선언입니다.

하나님 나라는 긍휼로 가득 찬 나라입니다

지난주, 어떤 집사님과 대화를 나눴습니다. 젊었을 때는 아내와 많이 싸웠답니다. 그때는 옆에서 자는 아내가 얄미워서 얼굴을 꼬집기도 했습니다. 지금은 곁에서 자고 있는 아내를 보면 그렇게 측은하다고 합니다. 집사님에게 하나님의 은혜가 임한 증거입니다. 자신이 하나님으로부터 큰 긍휼을 받은 인생임을 깨달아서입니다. 하나님의 은혜와 긍휼을 받자 사람을 보는 시선이 달라졌습니다. 긍휼이란 나를 보는 하나님의 시선으로 타인을 바라보는 것입니다. 거기로부터 긍휼이 시작됩니다.

스티븐 코비의 『성공하는 7가지 습관』이라는 책에 나오는 이야기입니다. 한번은 어떤 아빠가 남자아이 둘과 함께 전철을 탔습니다. 이 아이들이 전철에서 소리를 지르고 의자에 올라가고 난리 법석을 피웁니다. 젊은 아빠는 그런 아이들을 멍하니 쳐다만 보기만 합니다. 함께 있던 승객들의 마음에는 무책임한 아버지를 향한 원망과 비난의 감정이 들끓어 오릅니다. 참다못한 사람이 젊은 아빠에게 말합니다. "이보세요! 공공장소에서 아이들이 질서를 지키도록 가르치세요." 아빠가 조용히 대답합니다. "죄송합니다. 저희는 지금 장례식장에서 오는 길입니다. 방금 전에 아이들이 자신의 엄마를 하늘나라에 보냈습니다." 이 말 한마디에 모든 것이 순식간에 바뀌었습니다. 전철 안에는 아빠와 아이들을 향한 긍휼과 연민으로 넘칩니다. 스티븐 코비가 말하고 싶은 것이 있습니다. 사람을 단지 몇 가지 행동으로 판단하지 말라는 것입니다.

예수님께서 우리를 불쌍히 여기신 이유가 여기에 있습니다. 십자가에서 자신을 못 박고 조롱하고 침을 뱉는 그들을 향해 "아버지 저들을 용서하여 주시옵소서 저들은 자신들이 하는 일이 무엇인지 알지 못합니다"(눅 23:34)라고 말씀하셨습니다. 예수님은 죄 때문에 깨어진 세상에서 살아가는 영혼들의 곤고함과 비참함을 보셨기 때문에 이렇게 기도하실 수 있었습니다.

주님은 우리도 세상 속에서 사람의 허물과 약점을 덮어주며 살기를 원하십니다. 죄로 인해 깨어진 세상 속에서 살아가는 자들에게 다가가 긍휼을 베풀며 살기를 원하십니다. 우리는 나 같은 죄인 살리신 주님의 긍휼함을 입어 새 삶을 얻었습니다. 크신 주님의 긍휼을 깨달았다면 죄에 매여서 살아가는 영혼들을 긍휼히 여겨야 마땅합니다.

하나님 나라는 긍휼로 가득 찬 나라입니다. 하나님 나라는 긍휼함으로 타인을 대하는 시선으로부터 시작됩니다. 긍휼의 마음을 펼치는 것을 가정에서부터 시작하십시오. 여러분의 남편을 긍휼히 여기십시오. 여러분의 아내를 긍휼히 여기십시오. 여러분의 자녀를 긍휼히 여기십시오. 주변에 여러분을 힘들게 하는 분들이 있습니까? 사람들의 이상한 행동이나 모습들은 다 죄가 가져온 고통 때문에 아파하는 신음입니다. 그들은 긍휼과 복음이 필요한 사람입니다.

여러분에게 고통과 아픔을 준 사람들을 긍휼히 여기십시오. 왜냐하면 우리들도 하나님 앞에서 원수였지만 자기 아들을 주면서까지 사랑하신 하나님의 긍휼을 입어 새 생명을 얻었기 때문입니다.

나의 긍휼이 깊어지면, 하나님의 긍휼이 더 깊어집니다

긍휼히 여기는 자는 복이 있습니다. 우리가 긍휼히 여기면 우리도 긍휼히 여김을 받습니다. 그런데 이 말은 마치 우리가 이웃을 긍휼히 여기지 않으면 하나님도 우리를 긍휼히 여기지 않는다는 말처럼 들립니다.

시편 92편 1절입니다. "지존자여 십현금과 비파와 수금으로 여호와께 감사하며 주의 이름을 찬양하고 아침마다 주의 인자하심을 알리며 밤마다 주의 성실하심을 베풂이 좋으니이다."

여러분 여기서 "주의 인자하심"이 히브리어로 '헤세드'입니다. 헤세드는 본문이 말하는 하나님의 긍휼입니다. 시인은 과거에 한 번 받은 긍휼로 인해 감사하는 것이 아닙니다. 아침마다 경험되는 주님의 긍휼하심으로 인해 감사한다고 고백합니다.

성도의 힘이 어디에서 나옵니까? 날마다 나를 긍휼히 여기시는 주님의 헤세드를 누림으로 성도는 강해집니다. 하나님의 헤세드가 누구에게 주어집니까? 긍휼이 여기는 자에게 주어집니다.

"긍휼히 여기는 자는 복이 있나니 그들이 긍휼히 여김을 받을 것임이요"(마 5:7)라고 말합니다. 더 정확하게 표현하면 이것입니다. "이웃을 긍휼히 여기는 자는 복이 있습니다. 왜냐하면 저희가 하나님의 긍휼히 여김을 아침마다 경험할 것이기 때문입니다."

우리는 타인을 향하여 긍휼함으로 살아가야 합니다. 타인에게 긍휼함으로 살아갈 때 오늘 내 삶에 임하는 하나님의 긍휼과 사랑은 더 깊어집니다.

옛날에 시골에 가면 우물이 있었습니다. 우물은 마을 사람들을 위해서도 존재했지만 나그네와 가축들을 위해서도 언제나 열려 있었습니다. 우물을 퍼 주면 우물의 수위가 줄어들고 말라 버릴 것 같은데 언제나 그 수위를 그대로 유지를 합니다. 하지만 만일 동네 사람들이 나그네와 가축들에게 물을 나누어 주는 것이 아깝다고 뚜껑을 닫아 버리면 어떻게 될까요? 퍼 주지 않는 우물은 곧 말라 버립니다.

긍휼도 우물의 원리와 똑같습니다. 내 삶의 현장에서 긍휼의 우물을 이기심이라는 뚜껑으로 막아 버리면, 내 마음의 우물 안에 있던 은혜의 수위가 줄어듭니다. 내 마음의 우물 안에 있던 긍휼의 수위가 줄어듭니다. 결국은 내 마음의 긍휼이 말라 버립니다. 나의 재정, 나의 시간, 나의 마음은 나누면 나눌수록 더 차고 넘칩니다. 교회의 재정도 긍휼함으로 더 나누고 나누면 더 차고 넘치도록 채워주십니다.

사랑과 긍휼과 은혜는 퍼 주면 퍼 줄수록 내 안에 넘쳐나는 것이 변하지 않는 원리입니다. 그래서 요한일서 4장 12절을 보면 "어느 때나 하나님을 본 사람이 없으되 만일 우리가 서로 사랑하면 하나님이 우리 안에 가하시고 그의 사랑이 우리 안에 온전히 이루어지느니라"고 합니다. 우리가 서로를 향해 긍휼과 사랑으로 대할 때 우리 안에 우리를 향한 하나님의 긍휼과 사랑은 점점 더 분명해지고 풍성해질 것입니다.

☑ 긍휼은 그리스도인의 본질적인 덕목입니다.

긍휼은 단순한 감정이 아니라 타인의 아픔을 자신의 것으로 느끼고 그들에게 은혜를 베푸는 행동입니다. 그리스도인이라면 예수님의 긍휼을 닮아, 타인을 향해 긍휼의 마음으로 다가가야 합니다. 우리의 삶에서 긍휼을 실천하는 것이 예수님의 사랑을 드러내는 길입니다.

☑ 긍휼은 하나님의 은혜를 받은 자의 자연스러운 반응입니다.

우리는 하나님의 무한한 긍휼로 용서받은 존재이기에, 다른 사람들을 긍휼히 여기며 그 은혜를 흘려보내야 합니다. 내가 받은 긍휼을 기억하며, 우리의 삶에서 타인을 용서하고 사랑하는 태도를 가지는 것이 중요합니다.

☑ 긍휼은 의로움과 연결된 덕목입니다.

의에 주리고 목마른 자는 하나님의 의를 추구하지만, 그 의로움이 긍휼로 이어져야 진정한 의미를 가집니다. 종교적 의로움이 타인에 대한 긍휼함으로 나타나지 않는다면, 그것은 사람을 죽이는 의로움이 될 수 있습니다.

☑ 긍휼은 타인의 고통을 덜어주는 사랑의 행위입니다.

긍휼은 단순한 동정이 아닌, 타인의 아픔과 연약함을 실제적으로 돌보고 그들의 고통을 함께 짊어지는 사랑의 행동입니다. 내 주변의 사람들에게 긍휼의 마음을 품고 그들을 돌볼 때, 우리는 하나님의 긍휼을 세상에 나타낼 수 있습니다.

☑ 긍휼을 실천할 때 하나님의 긍휼을 더 깊이 경험합니다.

긍휼히 여기는 자는 하나님의 긍휼을 더욱 풍성히 경험하게 됩니다. 우리가 타인을 긍휼히 여기고 용서할 때, 하나님께서 우리의 삶 속에 더욱 큰 긍휼과 은혜로 임하신다는 약속을 기억하며, 매일의 삶 속에서 긍휼의 열매를 맺어야 합니다.

1. 예수님께서 말씀하신 "긍휼히 여기는 자는 긍휼히 여김을 받을 것"이라는 진리를 삶에서 실천하며, 타인을 긍휼히 여긴 경험이 있는지 나눠보세요.

2. 나의 의로움이 다른 사람을 판단하는 도구가 되지 않았는지 돌아보세요.

3. 타인의 약함이나 실수를 긍휼히 여기고 용서하기보다는 정죄했던 순간이 있었다면, 그것을 어떻게 하나님께 내려놓고 다시 긍휼의 마음으로 바꿀 수 있을까요?

4. 하나님께서 나에게 베푸신 긍휼을 생각하며, 나도 누군가에게 그 같은 긍휼을 베풀어야 할 사람이 있지는 않은지, 그를 위해 구체적으로 어떻게 행동할 수 있을까요?

5. 내 삶에서 긍휼을 베푸는 것이 어렵게 느껴질 때, 성령의 도우심을 어떻게 구하며 그 긍휼을 더욱 실천할 수 있을까요?

마음을 지키는
자의 시선

마음이 청결한 자는 복이 있나니

그들이 하나님을 볼 것임이요

__ 마태복음 5:8

"주님, 당신을 사랑하는 마음이 제 안에서 솟구칠 때, 그것은 곧 저의 마음이 청결해졌음을 뜻합니다. 마음이 청결한 자만이 당신을 뵐 수 있습니다."

어거스틴(Augustine of Hippo)

"당신의 마음이 하나님께로 향할 때, 그때 당신은 비로소 진정으로 보는 법을 배우게 됩니다. 하나님은 우리 마음의 순수함 속에서 빛나십니다."

C.S. 루이스(C.S. Lewis)

"청결한 마음은 그 자체로 하나님을 보는 창문이다. 거룩함과 순결함 속에서 우리는 하나님을 더 온전히 발견할 수 있다."

존 칼빈(John Calvin)

"청결한 마음은 그 자체로 하나님을 향한 무조건적인 사랑을 요구합니다. 이 사랑은 어떤 대가도 바라지 않으며, 오직 하나님만을 바라는 마음입니다."

디트리히 본회퍼(Dietrich Bonhoeffer)

"하나님의 은총 안에서 깨끗한 마음을 가진 사람은 오직 하나님만을 갈망한다. 그들은 세상의 그 어떤 것도 그들의 시선을 흐리게 하지 않는다."

토마스 아 켐피스(Thomas Kempis)

"마음의 청결함은 인간의 능력이 아니라, 성령의 역사입니다. 우리가 성령에 순종할 때, 하나님께서 우리에게 스스로를 드러내십니다."

마틴 루터(Martin Luther)

"청결한 마음은 하나님을 보기 위한 문을 열어줍니다. 하나님을 바라볼 때, 우리는 우리의 진정한 자아를 발견하게 됩니다."

헨리 나우웬(Henri Nouwen)

기독교는 이판과 사판의 요소가 균형을 이루어야 합니다

이판사판(理判事判)이라는 말이 있습니다. 이판사판이란 해결할 수 없는 막다른 상황을 염두하는 말입니다. 왜 이런 말이 생겼을까요?

이판사판은 불교용어입니다. 불교에는 이판승과 사판승이라는 두 종류의 스님이 있습니다. 이판승은 진리를 추구하는 공부승입니다. 속세를 등지고 오직 마음 공부에 집중하는 구도 스님입니다. 반면에 사판승은 사찰의 재산을 관리하고, 살림살이를 책임지는 행정 스님입니다. 이판사판이라는 말은 이판승과 사판승의 경계가 허물어지면 혼란의 상황에 처한다는 뜻으로 해석할 수 있습니다.

기독교는 이판과 사판의 요소가 균형을 이루어야 합니다. 하나님이 계신 초월을 향한 열망과 두 발을 딛고 서 있는 현실에 대한 인식적 균형입니다. 오늘날 현대 기독교는 사판의 종교로 전락했습니다. 초월을 향한 열망이 죽어 버렸습니다. 사판의 종교로 전락하자 많은 그리스도인이 믿음을 이 세상에서 부유하게 살기 위한 도구로 치부합니다.

그리스도인은 하나님을 믿는 사람입니다. 믿음의 본질은 영적인 실재이신 하나님을 바라보는 시선입니다. 그리스도인의 신앙생활에서 하나님을 보는 신비의 사건이 사라지면 어떻게 될까요? 기독교는 메마른 지성주의나 딱딱한 도덕주의나 화려한 종교주의로 추락합니다.

하나님을 '보는 것'과 하나님을 '아는 것'은 같은 말입니다

우리는 하나님을 봐야 합니다. 하나님을 본다는 것은 무엇일까요? 사실, 우리는 결코 하나님을 볼 수 없습니다. 어렸을 때, 친구들에게 '하나님을 믿어라!'고 전도하면 가장 많이 들었던 대답이 '하나님을 보여주면 믿겠다'입니다. 제게는 어렸을 때나 목사가 된 지금이나 하나님을 보여줄 수 있는 방법이 없습니다. 저 역시 하나님을 본 적이 한 번도 없습니다. 물론 꿈에서 하나님을 본 적이 한두 번은 있는 것 같습니다.

오늘 팔복에서 말하는 '하나님을 본다'는 것은 어떤 의미일까요? 마음이 청결한 자는 하나님을 본다고 합니다. 성경에서 '본다'는 말과 비슷한 의미로 쓰이는 단어가 있습니다. '안다' 입니다.

성경은 하나님을 아는 것과 하나님을 본다는 것을 같은 개념으로 사용합니다. 대표적인 말씀이 에베소서 1장 17-19절 입니다.

"우리 주 예수 그리스도의 하나님, 영광의 아버지께서 지혜와 계시의 영을 너희에게 주사 하나님을 알게 하시고 너희 마음의 눈을 밝히사 그의 부르심의 소망이 무엇이며 성도 안에서 그 기업의 영광의 풍성함이 무엇이며 그의 힘의 위력으로 역사하심을 따라 믿는 우리에게 베푸신 능력의 지극히 크심이 어떠한 것을 너희로 알게 하시기를 구하노라."

바울은 에베소 교인들을 위해 기도합니다. 기도 내용은 지혜와 계시의 성령님을 보내주셔서 마음눈을 밝혀 달라는 것입니다. 우리의 눈이 열리면 그다음에 연결되어야 하는 동사는 마땅히 '보게 해 달라'는 말일 것입니다. 하지만 바울은 "마음의 눈을 밝히사 너희로 알게 하시기를 구하노라"고 합니다. 즉, 바울의 이해 속에는 영적인 세계를 보는 것과 영적인 세계를 아는 것은 같은 의미입니다. 더 정확하게 말하면, '아는 만큼 보인다'는 뜻입니다. 그렇습니다. 하나님은 "아는 만큼 보입니다." 성령님의 도움과 성경말씀을 통해 하나님에 대해서 많이 알면 알수록 우리의 인생 속에서 행하시는 하나님의 흔적들이 보이기 시작합니다.

C.S. 루이스의 말입니다. "저는 태양이 떠오른 것을 믿듯 기독교를 믿습니다. 태양을 직접 보기 때문이 아니라 태양에 의해 다른 모든 것을 볼 수 있기 때문입니다."

태양을 직접 보면서 태양이 존재한다고 말하는 사람은 없습니다. 태양이 쏟아내는 열과 햇빛을 통해 온 세계가 태양의 존재를 증거합니다. 하나님을 보는 것도 마찬가지입니다. 인간은 자신의 능력으로 하나님을 직관할 수는 없습니다. 하지만 하나님이라는 존재 때문에 보여지는 삶의 증거들이 온 세상에는 충만합니다. 믿는 사람들에게는 그것이 '보이는 것'입니다.

하나님을 본 바울은 로마서 1장 20절에 "창세로부터 그의 보이지 아니하는 것들 곧 그의 영원하신 능력과 신성이 그가 만드신 만물에 분명히 보여 알려 졌나니 그러므로 그들이 핑계하지 못할지니라"고 합니다. 바울은 하나님의 존재를 부정할 수 없을 만큼 창조 세계 안에는 그분의 증거가 너무나 분명하다는 말합니다.

그런데 왜 보지 못할까요? 그 이유가 21-23절입니다.

"하나님을 알되 하나님을 영화롭게도 아니하며 감사하지도 아니하고 오히려 그 생각이 허망하여지며 미련한 마음이 어두워졌나니 스스로 지혜 있다 하나 어리석게 되어 썩어지지 아니하는 하나님의 영광을 썩어질 사람과 새와 짐승과 기어다니는 동물 모양의 우상으로 바꾸었느니라."

우리가 하나님을 알지 못하니까 세상에 가득한 하나님의

현존을 명확하게 보지 못하는 것입니다. 욕망으로 인해 뒤틀린 우리의 이성은 하나님을 왜곡하여 우상 숭배의 늪에 빠지게 됩니다.

아는 것이 보는 것을 결정합니다

사람들의 인식 구조와 시선이 어떻게 작동하나요? 사람은 자신의 사고를 지배하는 것을 보게 되어 있습니다. 헤어디자이너는 강단에 서 있는 저를 볼 때, 가장 먼저 머리 스타일이 보일 것입니다. 안경점을 운영하는 분은 제가 쓰고 있는 안경이 가장 먼저 눈에 들어올 것입니다. 바둑을 아는 분과 바둑을 모른 사람의 차이점이 있습니다. 바둑을 아는 지식이 깊으면 깊을수록 바둑판 위의 수많은 길과 수가 보입니다. 바둑을 모르면 보이는 것은 오직 네모난 상자 위에 놓여 있는 검은 돌과 흰 돌뿐입니다.

아는 것이 보는 것을 결정합니다. 우리가 하나님을 아는 지식으로 우리의 생각과 마음을 채우면, 그때부터 내 삶에서 역사하시는 하나님의 증거들이 보이기 시작합니다. 우리는 마음으로 하나님을 알아가야 합니다. 그리고 하나님을 아는 지식에서 자라가야 합니다. 우리가 어떻게 해야 하나님을 아는 지식이 자라날 수 있을까요? 하나님을 아는 지식에는 두 종류가 있습니다. 'Knwing God' vs 'Knowing about God'입니다. 전치사 하나의 차이지만 하늘과 땅처럼 다릅니다.

하나님을 아는 것은 마음으로 아는 것입니다. 인격적으로 아는 것입니다. 하나님에 대해서 아는 것은 머리로 아는 것입니다. 하나님 그분을 아는 것이 아니라 하나님에 대한 어떤 개념과 정보를 아는 것입니다. 교리와 개념으로 아는 하나님은 우리의 삶에 어떤 변화도 가져오지 못합니다. 그러나 마음으로 아는 하나님은 우리의 인생을 변화시킵니다. 우리의 인생을 복되게 합니다. 왜냐하면 그는 하나님이라는 그 존재 자체를 알고 의지하고 그분의 능력을 힘입어 살기 때문입니다.

하나님을 알기 위해 마음이 청결해야 합니다

마음이 청결한 사람만이 하나님을 알게 됩니다. 오늘 6번째 복은 "마음이 청결한 자는 복이 있나니 그들이 하나님을 볼 것임이요"라고 말합니다.

어렸을 때 친구들이 '하나님을 보여 달라'고 하면 저는 친구들에게 '하나님은 눈으로 보는 것이 아니야! 마음으로 보는 거야!' 라고 대답했습니다.

기독교는 마음의 종교입니다. 마음은 우리 인격의 중심입니다. 여기로부터 하나님에 대한 진정한 앎과 깨달음을 얻습니다. 그러므로 우리 마음이 청결해야 합니다. 우리의 신앙생활도 머리로 하는 신앙생활에서 마음으로 하는 신앙생활로 바꾸어야 합니다. 그래야 하나님을 제대로 만날 수 있습니다.

하나님이 잘 보이지 않고 하나님을 아는 감각들이 무디어졌다면 그것은 마음의 기능에 문제가 생겼다는 뜻입니다. 마음이 청결하지 않기 때문입니다. 성도의 진짜 싸움은 마음을 지키는 싸움입니다. 잠언 4장은 "무릇 지킬만한 것보다 더욱 네 마음을 지키라 생명의 근원이 이에서 남이니라"(잠 4:23)고 합니다. 팔복의 6번째 복도 "마음이 청결한 자는 복이 있나니 하나님을 볼 것"이라고 말합니다. 신앙의 싸움은 마음을 어떻게 청결하게 유지할 수 있는가의 싸움입니다. 그러면 하나님이 보이고, 하나님이 보이면 그때부터 내 인생은 하나님의 복과 은총을 누리게 됩니다.

마음이 청결하려면 날마다 회개해야 합니다

어떻게 마음을 청결하게 할 수 있을까요? 세 가지를 실천해야 합니다. 첫째는 하루하루 마음의 죄를 날마다 회개해야 합니다. '청결하다'는 것은 '깨끗하게 하는 것'입니다.

우리 몸에 있는 눈은 하루에 1만 5천 번 깜빡거립니다. 깜빡거릴 때마다 눈물샘에서 액체가 나와 안구를 계속해서 씻어 냅니다. 밝은 시선으로 세상을 볼 수 있는 이유입니다.

눈이 하루에 1만 5천 번 깜빡거리면서 망막을 씻어 내는 것처럼, 날마다 마음의 렌즈를 씻어야 합니다. 마음의 렌즈를 흐리게 만드는 것이 무엇입니까? 죄입니다. 이사야 59장 1-2절은 "여호와의 손이 짧아 구원하지 못하심도 아니요 귀가 둔하여 듣지 못하심도 아니라 오직 너희 죄악이 너희와 너희 하나님 사이를 갈라놓았고 너희 죄가 그의 얼굴을 가리어서 너희에게서 듣지 않으시게 함이니라"고 합니다.

어떤 사람이 마음이 청결해질 수 있을까요? 애통해 하는 사람입니다. 하나님 앞에 들어가 자신의 죄를 붙들고 회개하는 사람입니다. 요한일서 1장 9절입니다. "만일 우리가 우리 죄를 자백하면 그는 미쁘시고 의로우사 우리 죄를 사하시며 우리를 모든 불의에서 깨끗하게 하실 것이요."

우리는 하루를 마감하면서 반드시 하나님 앞에 회개의 시간을 가져야 합니다. 하루를 성찰하면서 나의 생각, 언어, 행동에서 하나님의 뜻에 어긋나게 했던 것들을 돌아보아야 합니다. 돌아본 뒤, 하나님 앞에 그것이 죄였음을 인정하고 고백해야 합니다. 그것이 우리 죄를 씻어내는 것입니다.

우리는 날마다 하나님 앞에서 죄를 자백해야 합니다. 작은 죄라도 하나님 앞에 자백해야 합니다. 우리의 죄를 회개하면 하나님은 언제나 변함없이 우리의 영혼을 깨끗케 하실 것입니다.

마음이 청결하려면 두 마음을 품지 않아야 합니다

두 번째는 두 마음을 품지 않아야 합니다. 마음이 청결하다는 것은 소극적으로는 죄를 회개하는 것이지만 적극적으로는 하나에 집중하는 마음입니다. 예수님께서 마음이 청결한 것이 무엇인지 마태복음 6장 22-23절에서 분명하게 말씀하십니다.

"눈은 몸의 등불이니 그러므로 네 눈이 성하면 온몸이 밝을 것이요 눈이 나쁘면 온몸이 어두울 것이니 그러므로 네게 있는 빛이 어두우면 그 어두움이 얼마나 더하겠느냐"라고 말합니다.

예수님은 2종류의 마음눈이 있다고 하십니다. '성한 눈과 나쁜 눈'입니다. 어떤 눈이 성한 눈일까요? 영어로 single focus입니다. 나쁜 눈은 double focus입니다.

시력이 나빠져서 안과에 갔더니 노안이 왔다는 진단을 받았습니다. 시력을 보완하기 위해 다초점 렌즈 안경을 만들었습니다. 안경렌즈의 가운데 부분은 멀리 잘 보이는 렌즈입니다. 렌즈의 아래쪽은 가까운 곳이 잘 보이는 돋보기입니다. 다초점 렌즈를 끼고 일주일 동안 생활해 보았더니 어지럽고 불편했습니다. 다시 원초점 안경으로 바꾸었습니다.

마음이 청결하다는 것은 단지 깨끗하다는 것만을 의미하지 않습니다. 마음의 시선과 관점이 하나에 집중된 상태입니다. 마태복음 6장 24절에서는 이렇게 말합니다. "한 사람이 두 주인을 섬기지 못할 것이니 혹 이를 미워하고 저를 사랑하거나 혹 이를 중히 여기고 저를 경히 여김이라 너희가 하나님과 재물을 겸하여 섬기지 못하느니라"고 말씀합니다. 즉, 마음이 청결하지 못하다는 것은 마음이 한마음이 아니라 두 마음이란 뜻입니다. 한마음으로 하나님을 섬기고 또 다른 마음으로는 세상을 섬깁니다. 즉, 하나님과 세상을 동시에 사랑하는 마음입니다.

그리스도인은 두 마음을 버리고 한마음으로 살아야 합니다. 두 마음은 축복받지 못합니다. 하나님께서 두 마음을 싫어하십니다. 야고보 기자는 야고보서 1장 6-8절에서 우리의 기도가 응답받지 못하는 이유가 두 마음을 품어서라고 합니다.

"오직 믿음으로 구하고 조금도 의심하지 말라 의심하는 자는 마치 바람에 밀려 요동하는 바다 물결 같으니 이런 사람은 무엇이든지 주께 얻기를 생각하지 말라 두 마음을 품어 모든 일에 정함이 없는자로다."

우리는 하나님과 세상을 동시에 섬기면 안 됩니다.

겨울철에 운전을 하면 자동차 전면 유리창에 서리가 하얗게 서리는 것을 볼 수 있습니다. 성에입니다. 성에가 끼면 운전 시야 확보가 어렵습니다. 왜 성에가 생기나요? 자동차 내부 온도와 외부 온도의 차이 때문입니다. 외부의 차가운 바람이 자동차 유리창에 부딪힐 때 실내의 습기가 창문에 얼어붙어서 그렇습니다. 우리의 거듭난 마음 안에는 따뜻한 성령의 기운이 감싸고 있습니다. 우리가 세상에 있는 것들을 사랑하면 외부로부터 욕망의 차가운 바람이 불어옵니다. 그 차가운 바람은 영혼의 내부로부터 영적 성에를 만들어 버립니다. 영적 성에가 영혼의 망막에 서리면 하나님이 가려져 보이지 않습니다.

하나님을 보려면 세상에서 완전히 단절되어야 할까요? 금욕적 삶이 하나님을 보는 열쇠인가요? 어거스틴이 한 유명한 말이 있습니다.

"먼저 하나님을 사랑하십시오. 그리고 당신이 원하는 모든 것을 하십시오."

기독교는 자유의 종교입니다. 인간의 욕망을 거세하는 것이 신앙이 아닙니다. 기독교는 인간의 욕망을 긍정합니다. 다만 전제가 있습니다. 먼저 하나님을 사랑할 때 인간의 욕망은 길을 잃지 않습니다. 먼저 하나님을 사랑한 뒤 우리가 하고자 하는 모든 것을 하는 것이 그리스도인의 진짜 자유입니다. 우리가 먼저 그분을 사랑해야 합니다. 그다음 우리가 살아가는 모든 삶의 자리에서 우리가 행하는 모든 일에서 그분의 은총을 누리며 살면 됩니다. 이런 삶이 하나님의 뜻을 이루는 삶입니다.

마음이 청결하려면 이웃과의 막힌 관계가 없어야 합니다

마지막으로 이웃과의 막힌 관계를 회복해야 합니다. 성경에서 하나님을 볼 수 있는 가장 명확한 조건을 제시하는 구절이 있습니다. 히브리서 12장 14절입니다.

"모든 사람과 더불어 화평함과 거룩함을 따르라 이것이 없이는 아무도 주를 보지 못하리라"고 기록하고 있습니다. 이웃과의 화평을 이루지 못하면 하나님을 볼 수 없다고 말합니다.

우리가 하나님을 보기 원한다면 모든 사람과 화평해야 합니다. 나에게 상처를 주는 사람과 화평해야 합니다. 나와 생각이 다른 사람과 화평해야 합니다. 나를 무시하는 사람과 화평해야 합니다. 나를 적대하는 사람과도 화평해야 합니다. 하나님은 모든 사람과 화평하라고 말씀합니다.

오늘 6번째 마음의 청결한 자의 복이 긍휼히 여기는 자의 복 뒤에 나오고 있다는 사실을 주목해야 합니다. 왜 긍휼히 여김 뒤에 마음의 청결함이 나올까요? 마태복음 25장 종말론적 비유에 등장하는 양과 염소의 비유가 말하고 있는 것이 무엇인가요? 마지막 날 인류가 두 부류로 갈라지는데 한쪽은 영생, 한쪽은 영벌을 받을 사람들입니다.

영생과 영벌을 구분하는 잣대가 무엇입니까? 오른쪽 사람들에게는 "너희는 내가 헐벗을 때 입을 것을 주고 굶주릴 때 먹을 것을 주고 감옥에 갇혔을 때 찾아와 주었다"고 말합니다. 왼쪽에 있는 사람들은 "너희는 내가 헐벗고 굶주리고 배고플 때 돌아보지 않았다"고 합니다. 이 두 부류 사람 모두 깜짝 놀랍니다. 우리는 살아생전 예수님을 본 적도 만난 적도 없습다고 항변합니다. 그때 예수님께서 하신 말씀을 주목해야 합니다. "너희 중에 있는 지극히 작은 자 하나에게 한 것이 곧 나에게 한 것이니라."

왜 긍휼함 뒤에 하나님을 보는 마음의 청결함이 등장하는지 아시겠습니까? 이웃을 향한 사랑과 섬김을 통해 우리는 실제적으로 하나님의 현존과 실재를 만나게 됩니다. 히브리서 13장 1-2절을 보면 "형제 사랑하기를 계속하고 손님 대접하기를 잊지 말라 이로써 부지중에 천사들을 대접한 이들이 있었느니라"고 말합니다. 우리가 다른 사람과 화평하지 못한 관계라면, 당장 그 관계의 회복을 위해 행동하셔야 합니다.

신앙이 좋은 사람들이 빠질 수 있는 오류가 있습니다. 이웃과의 막힌 관계를 해결하지 않은 채 영적인 것에 매달리는 것입니다. 우리는 다른 사람과의 관계에서 먼저 막힌 것을 풀어야 합니다. 그러면 내 인생 매우 가까이 계신 하나님의 임재를 경험하게 될 것입니다.

우리는 하나님께 날마다 회개해야 합니다. 하나님께 집중해야 합니다. 이웃과의 관계를 온전히 회복해야 합니다. 그렇게 살면, 우리의 인생 가운데 행복의 파도, 축복의 파도를 보내주시는 하나님을 볼 수 있습니다. 그러면 영적 파도를 타게 됩니다. 이런 사람이 마음이 청결한 사람입니다. 마음이 청결한 사람이 하나님의 복으로 이 세상을 복되게 하는 사람들입니다. 우리는 마음이 청결하여 하나님을 보는 복된 인생이 되어야 합니다.

☑ 마음이 청결해야 하나님을 볼 수 있습니다.

마음의 청결함은 하나님을 온전히 경험할 수 있는 영적 시야를 열어주며, 하나님을 보는 것은 곧 하나님을 아는 것과 같습니다. 우리는 마음을 깨끗하게 함으로써 삶 속에서 하나님의 임재와 역사하심을 발견할 수 있습니다.

☑ 하루하루 회개는 마음을 정결하게 유지하는 열쇠입니다.

우리는 매일의 삶에서 스스로의 죄를 돌아보고 하나님께 회개해야 하며, 그 과정을 통해 영적 시각을 흐리게 하는 장애물들을 제거할 수 있습니다. 꾸준한 회개는 하나님과의 친밀함을 유지하는 필수적인 과정입니다.

☑ 두 마음을 품지 말고 하나님께 집중해야 합니다.

우리의 마음이 하나님과 세상 사이에서 나누어져 있으면 하나님을 온전히 볼 수 없습니다. 우리는 한결같이 하나님을 사랑하며 그분께 집중할 때에만 우리의 신앙이 진정으로 깊어질 수 있습니다.

☑ 이웃과의 화평은 하나님을 보는 중요한 조건입니다.

하나님을 보기 위해서는 이웃과의 관계가 막히지 않아야 하며, 모든 사람과 화평을 이루는 것이 중요합니다. 이웃을 향한 긍휼과 사랑을 통해 우리는 하나님의 현존을 실질적으로 경험할 수 있습니다.

☑ 마음의 청결은 우리 삶의 중심을 하나님께 두는 것에서 시작됩니다.

하나님을 사랑하는 마음을 삶의 우선순위에 두고, 하나님을 사랑한 후에 모든 것을 행할 때 우리의 삶은 하나님의 축복으로 가득 찰 것입니다. 하나님을 사랑하는 것이 곧 우리 삶의 방향을 바르게 잡아주는 열쇠입니다.

행복, 다시 정의하다

1. "마음이 청결한 자는 하나님을 본다"는 말씀처럼, 나는 내 삶 속에서 하나님을 온전히 보기 위해 마음을 어떻게 정결하게 유지하고 있나요?

2. 매일의 회개가 마음을 청결하게 한다고 했을 때, 나는 일상 속에서 하나님 앞에 나의 죄를 자각하고 회개하는 시간을 충분히 갖고 있는지 돌아볼 수 있나요?

3. 세상과 하나님 사이에서 흔들리는 '두 마음'을 품지 않으려면, 나는 무엇을 내려놓고 하나님께 더 집중해야 할까요?

4. 이웃과의 관계 속에서 내가 용서하지 못한 사람이나 화평하지 못한 관계가 있다면, 하나님을 보기 위해 어떻게 그 관계를 회복할 수 있을까요?

5. '하나님을 먼저 사랑하라'는 말씀을 삶에 적용할 때, 지금 내 일상에서 하나님을 최우선으로 두고 행동해야 할 부분은 무엇인가요?

평화를 이루는
자의 영향력

화평하게 하는 자는 복이 있나니

그들이 하나님의 아들이라 일컬음을 받을 것임이요

__ 마태복음 5:9

"진정한 평화는 단지 갈등이 없는 것이 아니라, 정의가 실현되는 것이다."

마틴 루터 킹 주니어(Martin Luther King Jr.)

"평화는 하나님께서 주시는 선물이다. 그분의 제자들이 세상에 나가 그것을 이루기 위해 싸워야 한다."

디트리히 본회퍼(Dietrich Bonhoeffer)

"화평케 하는 자란 자신이 먼저 화목함을 경험한 후, 이 화평을 다른 사람에게 전달하는 사람이다."

존 스토트(John Stott)

"평화는 외적인 것에서 오는 것이 아니라, 우리 내면에서 하나님과의 화목으로부터 온다."

오스왈드 챔버스(Oswald Chambers)

"우리가 평화를 전하기 위해 부름받은 것은, 우리의 상처가 치유된 곳에서만 진정한 화평을 만들 수 있기 때문이다."

헨리 나우웬(Henri Nouwen)

"평화는 인내와 겸손, 그리고 사랑으로 이뤄진다. 참된 평화는 힘을 통해 얻어질 수 없다."

토마스 머튼(Thomas Merton)

"진정한 평화는 하나님께로부터 오며, 인간은 그분 안에서만 참된 평화를 찾을 수 있다."

어거스틴(Augustine of Hippo)

세상은 하나님의 작업장입니다

팔복은 하나의 계단식 구조를 가지고 있습니다. 그러므로 6번째 복인 마음이 청결하여 하나님을 보는 사람은 반드시 7번째 복인 화평케 하는 자로 살게 됩니다. 하나님을 본 사람은 신비 세계에 몰입하지 않습니다. 오히려 하나님께서 자신을 어떤 소명으로 불러 사명을 맡기시고 다시 세상에 보내시는지를 깨닫습니다.

소명이 없는 그리스도인은 2가지 잘못된 시선으로 세상을 봅니다. 하나는 세상을 신나는 놀이터로 바라보는 시선입니다. 다른 하나는 세상을 냄새나는 시궁창으로 바라보는 시선입니다.

어떤 그리스도인들에게 이 세상은 신나는 놀이터처럼 마냥 즐겁기만 합니다. 어떤 그리스도인들은 세상이 썩은 냄새가 진동하는 위험한 곳이라고 생각합니다. 소명을 가진 그리스도인은 다른 시선으로 세상을 보아야 합니다. 소명을 발견한 그리스도인에게 이 세상은 놀이터도 시궁창도 아닌 하나님의 작업장입니다. 자신의 인생이 세상이라는 작업장에서 일하시는 하나님의 선한 도구라는 사실을 깨닫습니다.

오스 기니스는 『소명』이라는 책에서 소명을 1차 소명과 2차 소명으로 구분합니다. 1차 소명은 "하나님에 의한, 하나님을 향한, 하나님을 위한 부르심이다"라고 정의합니다. 한마디로 1차 소명은 마음이 청결하여 하나님을 보며 그분을 예배하는 삶입니다. 1차 소명을 받은 그리스도인은 반드시 하나님으로부터 2차 소명을 받습니다.

오스 기니스는 2차 소명을 이렇게 정의내립니다. "2차적인 소명은 모든 것을 다스리시는 주권적인 하나님을 기억하고 모든 사람이 모든 곳에서 모든 것에서 전적으로 그분을 위하여 생각하고 말하고 살고 행동하는 것이다." 이러한 2차 소명의 핵심이 오늘 우리가 읽은 '화평케 하는 자로 살아가는 자세'입니다. 우리는 어떻게 해야 화평케 하는 자가 될 수 있을까요?

세상의 평화는 힘의 축적에서 발생합니다

그리스도인은 하나님의 평화를 발견한 사람입니다. 하나님의 평화를 발견한 사람은 이 세상을 화평케 하는 자세로 살아가야 합니다.

'화평케 하는 자'라는 말은 헬라어로 '에이레네 포에이오'입니다. '에이레네'는 '평화'(Peace)라는 뜻이고 '포에이오'는 '만드는 사람'(Maker) 이라는 뜻입니다. 화평케 하는 자란 '평화를 만드는 사람' 곧 '피스 메이커'를 말합니다. 화평케 하는 자는 단지 평화를 기다리거나 평화를 사랑하는 사람이 아니라 평화를 만드는 사람입니다.

그리스도인은 분열과 상처로 깨어진 세상 안으로 들어가 적극적으로 평화를 만드는 사람이어야 합니다. 왜 그리스도인은 세상에서 평화를 만드는 사람이 되어야 할까요? 그것은 세상이 진정한 평화를 잃어버렸기 때문입니다.

평화를 오해한 사람이 있습니다. 그는 누가복음 12장의 어리석은 부자의 이야기에 등장합니다.

어리석은 한 부자가 있습니다. 그해 풍년이 들었습니다. 풍년으로 커다란 창고를 만들었습니다. 그는 창고에 평생 먹어도 남을 만한 곡식을 쌓았습니다. 어리석은 부자는 그날 밤 침대에 누워 흐뭇한 미소를 짓고 스스로 말합니다. 누가복음 12장 19절입니다. "또 내가 내 영혼에게 이르되 영혼아 여러 해 쓸 물건을 많이 쌓아 두었으니 평안히 쉬고 먹고 마시고 즐거워하자 하리라."

그는 스스로의 노력과 실력으로 미래를 완벽히 준비했습니다. 하지만 하나님의 평가는 달랐습니다. 이 부자를 향한 하나님의 평가는 20절에 잘 나타나 있습니다. "하나님은 이르시되 어리석은 자여 오늘 밤에 네 영혼을 도로 찾으리니 그러면 네 준비한 것이 누구의 것이 되겠느냐 하셨으니." 하나님은 이 부자를 어리석다고 합니다. 왜 어리석다고 합니까?

부자의 독백 속에서 알 수 있습니다. 그는 물건을 쌓아 놓은 뒤에 자신의 영혼을 향하여 '평안하다'고 말합니다. 부자는 창고에 가득한 소유물이 영혼의 평화를 보장해 줄 것이라고 생각합니다.

오늘날도 많은 사람이 어리석은 부자처럼 생각합니다. 내 인생의 평화는 이 지독한 가난으로부터 벗어날 때 올거야. 내 인생의 평화는 내 집을 마련할 때 올거야. 내 인생의 평화는 내 통장에 충분한 잔고가 있을 때야! 내 인생의 평화는 내 마음을 이해해 줄 수 있는 멋진 사람을 만날 때야! 등으로 생각합니다.

외적인 평화를 추구하는 사람은 힘을 축적하려 합니다. 재력, 학력, 실력, 권력을 소유하고자 합니다. 외적인 힘을 축적하려는 이유가 무엇일까요? 힘이 자신의 인생에 평화를 보장해 줄 것이라고 믿기 때문입니다.

하나님의 평화는 샬롬으로부터 옵니다

세상이 말하는 평화는 외부적인 힘의 축적으로부터 옵니다.

하나님의 평화는 정반대입니다. 성경이 말하는 평화가 있습니다. '평화'는 헬라어 '에이레네'와 히브리어 '샬롬'을 합친 말입니다. 이 말은 우리나라 인사말인 '안녕(安)'과 매우 비슷한 개념입니다. 안녕은 '편안한 안(安), 편안할 녕(寧) 자'를 쓰기도 합니다. '편안한 안(安), 영혼 영(靈)'자를 쓴다고 해석할 수도 있습니다.

한국 사회는 전쟁과 가난으로 점철된 역사입니다. 그 과정에서 한국인들은 마음의 평안함을 갈망하게 되었습니다. 고통스러운 역사적 환경을 통과하면서 한국인들의 내면에 형성된 평안에 대한 갈망은 신의 돌보심과 보호하심에 대한 막연한 기대와 연결되었던 것입니다. 어쩌면 이것이 기독교가 구한말 평안을 잃었던 한국 사회 속에서 빠르게 스며들 수 있었던 이유였을지도 모릅니다.

이스라엘 사람들의 인사법을 보면 한국의 정서와 닮아 있습니다.

이스라엘 백성들은 만날 때 '샬롬'이라고 인사합니다. 문자적으로 해석하면 '평화, 평안'입니다. 우리나라 안녕과 매우 비슷한 개념입니다. 그런데 샬롬이라고 인사할 때 가장 중요한 염원은 그 샬롬이 오는 근원이 무엇인가에 대한 분명한 선언입니다. 샬롬은 하나님과의 바른 관계에서 비롯되

행복, 다시 정의하다

는 복입니다. 그래서 어떤 신학자는 샬롬을 '당신에게 하나님이 주실 수 있는 최대의 선'이라고 정의 내립니다. 샬롬은 팔복의 6번째 복인 "마음이 청결하여 하나님을 보는 사람"만이 누릴 수 있는 복입니다.

엄마보다 신앙심이 더 좋은 어린 아이가 있었습니다. 어느 날 천둥 번개가 칠 때 엄마가 잠에서 깼습니다. 천둥소리가 크고 번개가 번쩍하자, 엄마는 서둘러 어린 아들의 방으로 갔습니다. 아들이 무서워 떨고 있으리라 걱정했기 때문입니다. 놀랍게도 아이는 환한 얼굴로 창가에 서서 번개 치는 하늘을 쳐다보고 있었습니다.

"애야 무섭지 않아? 왜 하늘을 쳐다보고 있니?"라고 묻자 아이가 대답합니다. "무슨 일이 일어났는지 엄마는 전혀 모를 거예요. 하나님이 제 사진을 찍어 주셨어요!" 마음으로 하나님을 보는 아이는 온 세상이 안전하다는 확신을 갖습니다. 천둥이 치고 번개가 쳐도 이 모든 것이 하나님의 다스림과 통치 아래 있다고 믿는 사람들은 절대로 세상이 두렵지 않습니다.

하나님의 평화를 누려야 합니다

시편 3편은 "다윗이 그 아들 압살롬을 피할 때에 지은 시"라는 제목을 가진 시입니다. 다윗은 광야에서 자신을 죽이기 위해 달려드는 맹수 같은 군사들에게 에워싸였습니다.

다윗은 위급한 상황에서 하나님을 향해 이렇게 말합니다. 1-2절입니다. "여호와여 나의 대적이 어찌 그리 많은지요. 일어나 나를 치는 자가 많으니이다. 많은 사람이 나를 대적하여 말하기를 그는 하나님께 구원을 받지 못한다 하나이다."

다윗은 대적에 의해 죽임당할 처지에 몰리자 절망하고 있습니다. 그는 두려움과 염려와 낙심에 휩싸여 있습니다. 하지만 5-6절에서 분위기가 완전히 달라집니다. "내가 누워자고 깨었으니 여호와께서 나를 붙드심이로다. 천만인이 나를 에워싸 진 친다 하여도 나는 두려워하지 아니하리이다."

다윗은 염려와 두려움에서 어떻게 갑작스러운 평화를 누리게 되었을까요? 3절을 보면 환경을 보던 다윗의 시선이 하나님을 향하고 있습니다. "여호와여 주는 나의 방패시요 나의 영광이시요 나의 머리를 드시는 자이시니이다"라고 고백합니다. 하나님을 바라볼 때 다윗의 마음속에 환경을 뛰어넘는 평화가 임한 것입니다. 이것이 그리스도인이 누리는 능력입니다.

우리가 세상 안에서 화평케 하는 자가 되기를 원한다면, 하나님과의 바른 관계를 회복하고 그분의 샬롬을 먼저 누려야 합니다.

'the peace with God' vs 'the peace of God'는 다릅니다. 하나님의 평강인 샬롬(the peace of God)을 누리려면 먼저 예수 그리스도를 믿는 믿음으로 하나님과 바른 관계(the peace with God)를 회복해야 합니다.

로마서 5장 1절에서는 "그러므로 우리가 믿음으로 의롭다 하심을 얻었은즉 우리 주 예수 그리스도로 말미암아 하나님으로 더불어 평화(the peace with God)를 누리자"라고 합니다(개역한글).

우리가 믿음으로 의롭다 하심을 얻어야 합니다. 인간이 자신의 의와 노력으로 서려고 하면 언제나 진노의 자녀일 뿐입니다. 우리가 예수 그리스도의 십자가 은혜와 구속을 의지하여 나아가면 하나님과 더불어 평화를 누리게 됩니다.

우리가 하나님과 더불어 평화를 누리면 어떤 일이 벌어지나요? 로마서 5장 2절처럼 하나님의 평화를 누리는 인생이 됩니다. 믿음으로 서 있는 은혜 가운데 들어가 하나님의 영광을 바라고 즐거워합니다. 그리고 5장 3절에 "다만 이뿐 아니라 우리가 환난 중에도 즐거워하니"라는 말씀에서 알 수 있듯이 하나님과의 관계 안에서 누리는 하나님의 평강을 경험합니다. 우리는 평강을 가진 사람들이 됩니다. 우리가 평강을 가짐으로 세상 안에서 화평케 하는 자로 살아갈 수 있습니다.

하나님은 우리에게 화목하게 하는 직분을 주셨습니다. 고린도후서 5장 18-19절은 이렇게 말씀합니다.

"모든 것이 하나님께로서 났으며 그가 그리스도로 말미암아 우리를 자기와 화목하게 하시고 또 우리에게 화목하게 하는 직분을 주셨으니 화목하게 하는 말씀을 우리에게 부탁하셨느니라."

이 시대를 살아가는 우리가 주목해야 하는 것은 하나님의 아들 예수님께서 이 땅에 오신 궁극적인 목적이 무엇인지 아는 것입니다. 예수님이 이 세상에 오신 것은 세상과 하나님을 화목하게 하시기 위함입니다. 그분은 세상에 화해자로 오셨습니다.

우리는 예수님으로 인해 세상과 화평케 하는 자가 되어야 합니다. 화평케 하는 자가 하나님의 아들입니다. 하나님의 아들은 교회 다니는 사람, 착하게 사는 사람, 기도하는 사람, 봉사하는 사람이 아닙니다. 화평케 하는 사람이 하나님의 아들입니다.

샬롬을 잃어버린 사람들에게 샬롬을 전해야 합니다

팔복 중 6번째 복과 7번째 복이 갖는 논리적 흐름이 있습니

행복, 다시 정의하다

다. 이 논리적 흐름을 잘 보세요. 성도는 영적 세계에만 목을 매며 사는 존재가 아닙니다. 깨어진 세상에서 샬롬을 잃어버린 채 살아가는 사람에게 내려가서 샬롬을 전해야 하는 사람입니다.

예수님께서 베드로와 야고보와 요한을 데리고 변화산으로 올라가십니다. 변화산에서 제자들에게 영광스러운 모습으로 변한 자신을 보여주십니다. 제자들은 변화되신 예수님의 신적 영광을 보고 압도를 당합니다. 황홀경에 빠져 "주여 여기가 좋사오니 초막 셋을 짓고 여기서 영원히 살았으면 좋겠습니다"(마 17:4)라고 간청합니다. 하지만 산 정상에서 주의 영광을 본 제자들은 산 위에 머물러 있을 수 없었습니다. 왜냐하면 산 위에서 영적 황홀경에 빠져 있는 그 시간 산 아래에서는 귀신 들린 아이가 고통을 당하고 있었기 때문입니다.

예수님은 초막 셋을 짓기 원하는 제자들에게 산 아래로 내려가자고 하십니다. 예수님께서 제자들에게 하늘의 평강을 누리게 하신 것은 산 정상에서 초막집을 짓고 영적 유희에 빠져 살라는 뜻이 아니었습니다. 샬롬을 잃어버리고 살아가는 산 아래 사람들에게 샬롬을 전파하라는 부르심입니다.

팔복의 복이 어떻게 발전하는가를 보셔야 합니다. 앞의 전반부 4가지 복은 하나님과의 관계에서 오는 내면의 복입니다. 심령이 가난해지면 내 인생을 다스려 주시는 천국을 경험하게 됩니다. 죄에 대한 애통의 눈물을 흘릴 때 하늘의 위로를 경험하게 됩니다. 의에 주리고 목마름으로 주님 앞에 나아갈 때 진정한 만족을 경험하게 됩니다. 그런데 이런 모든 영적인 복들이 우리에게 오는 이유가 무엇인가요? 그 복이 나를 통해 세상으로 흘러갈 때 그 복이 완성되는 것입니다.

후반부 4가지 복은 세상 속에서 소명을 실천하는 복입니다. 주님이 주신 긍휼로 긍휼히 여기는 자로서 살아야 합니다. 주님이 주신 샬롬으로 깨어진 세상 속에서 평화를 만들어야 합니다. 의에 주리고 목마를 뿐 아니라 의를 위하여 핍박을 받는 자리까지 나아가는 삶을 살아야 합니다.

샬롬은 예수님처럼 살 때 됩니다

손경민 목사님이 작사 작곡한 "모이는 예배 흩어지는 예배"라는 찬양이 있습니다. 그 찬양의 가사 이렇습니다.

"하나님 어디에나 계시죠. 교회와 가정 학교와 일터에도 하나님 이름 부르는 그곳. 그곳에 주 계시니 그곳이 바로 교회라. 내가 선 그곳이 어디라도 여전히 주님 나와 함께 계시니 우린 모여서 예배하고 흩어져서 예배해요. 우리 어디 있든지 오직 주님만 예배해요.”

우리는 모여서 예배하는 것은 익숙합니다. 모여서 어떻게 예배해야 할지 잘 압니다. 우리가 흩어져서는 어떻게 예배를 합니까? 흩어져서 드리는 예배는 다름 아닌 예수님처럼 사는 것입니다. 예수님처럼 사는 것이란 어떻게 사는 것일까요?

세상을 섬김과 희생으로 사는 것입니다. 예수님의 인생을 말하는 키워드는 2가지입니다. 마가복음 10장 45절이 한 문장으로 요약했습니다.

“인자가 온 것은 섬김을 받으려 함이 아니라 도리어 섬기려 하고 자기 목숨을 많은 사람의 대속물로 주려 함이니라.”

예수님의 삶은 섬김과 희생입니다. 자신을 희생 제물로 드려 우리의 대속물이 되었습니다. 평화는 그냥 만들어지지 않습니다. 예수님께서 우리에게 샬롬을 주시기 위하여 하늘 보좌를 버리심으로 가능했습니다. 인간의 모양으로 오셔서 우리를 섬김으로 가능했습니다. 자기 목숨을 희생제물로 내어 주심으로 되었습니다.

이사야서 53장 5절 말씀처럼 “그가 찔림은 우리의 허물 때문이요 그가 상함은 우리의 죄악 때문이라 그가 징계를 받음으로 우리가 평화를 누리고 그가 채찍에 맞음으로 우리가 나음을 받았도다”는 것으로 되었습니다.

샬롬은 우리가 먼저 섬김과 희생으로 만들어집니다

우리는 세상에 샬롬을 만들어야 합니다. 샬롬을 만들려면 우리가 먼저 섬기고 희생해야 합니다.

어떤 사람이 천국과 지옥을 가 보았습니다. 천국과 지옥은 우리가 생각하는 것처럼 환경과 조건이 전혀 다르지 않았습니다. 천국도 지옥도 똑같이 풍성한 식탁이 차려져 있고, 누구나 식탁에 차려진 기름진 음식을 마음껏 먹을 수 있습니다.

이상한 점은 천국에 있는 사람들은 하나같이 건강하고 행복하고 평화로워 보입니다. 반면 지옥에 있는 사람들은 그 풍성한 식탁 앞에서도 병들어 말랐고, 분노로 고통스러워합니다. 무엇이 천국과 지옥의 차이를 만들었을까요? 천국과 지옥의 식탁에는 한 가지 원칙이 있습니다. '자기 팔보다 긴 숟가락으로 음식을 먹어야 했고 떨어진 음식은 절대로 먹을 수 없습니다.'

지옥에 있는 사람들은 하나같이 자기 입에만 넣으려다 한 입도 못 먹고 영원히 고통을 받아야만 합니다. 반면 천국에 있는 사람들은 서로가 서로에게 이야기하면서 먹여 주며 행복한 식사를 할 수 있습니다.

행복, 다시 정의하다

이 이야기에서 우리가 한 가지 생각해 봐야 합니다. 지옥은 처음부터 지옥이었고, 천국은 처음부터 천국이었을까요? 그렇지 않습니다. 누군가 한 사람이 먼저 자기 옆에 있는 사람의 입에 음식을 넣어 주기 시작합니다. 그 후로 그들이 모인 공간에 평화와 사랑이 임해 천국으로 변했습니다. 지옥은 왜 지옥입니까? 그 공간에 있는 사람들 중에 누구도 섬기고 희생하는 사람이 없었기 때문입니다.

지옥 같았던 세상이 천국으로 바뀔 수 있었던 것은 예수님이 먼저 이 세상에 오셔서 우리를 섬겨 주셨기 때문입니다. 예수님께서 십자가에서 희생의 피를 흘리셔서 자기중심성에 묶여 살던 우리를 해방시켜 주셨기 때문입니다.

예수님은 샬롬이 필요한 세상에 우리를 화평케 하는 자로 보내십니다. 오늘부터 여러분의 가정 안에서 섬김으로 살아야 합니다. 직장 안에서 희생해야 합니다. 우리가 먼저 섬기고 희생함으로 세상을 평화로 만들어 가는 사람이 되어야 합니다.

☑ **소명을 발견한 그리스도인은 세상을 하나님의 작업장으로 봅니다.**
세상은 그리스도인에게 단순한 놀이터나 시궁창이 아니라, 하나님께서 선한 일들을 이루어 가시는 작업장입니다. 우리 인생은 이 작업장에서 하나님의 도구로 쓰임받아 화평을 만드는 소명을 실천해야 합니다.

☑ **세상이 추구하는 평화와 하나님의 평화는 다릅니다.**
세상은 힘과 재물의 축적에서 평화를 찾지만, 하나님의 평화는 샬롬, 즉 하나님과의 바른 관계에서 오는 내면의 평강입니다. 우리는 외적인 조건이 아닌, 하나님 안에서 참된 평화를 발견해야 합니다.

☑ **하나님의 평화를 누린 사람은 세상에서 화평케 하는 자로 살아야 합니다.**
하나님의 샬롬을 경험한 사람은 세상에 샬롬을 전하며 살아야 합니다. 화평케 하는 자란 단순히 평화를 기대하는 사람이 아니라, 적극적으로 평화를 만드는 사람입니다.

☑ **하나님의 평화는 예수님의 희생과 섬김을 통해 이루어집니다.**
예수님은 섬김과 희생으로 세상에 화평을 가져오셨습니다. 그리스도인들도 세상 속에서 예수님처럼 섬김과 희생의 삶을 통해 평화를 이루어 가야 합니다.

☑ **샬롬은 우리의 섬김과 희생에서 시작됩니다.**
우리가 먼저 가정과 사회에서 섬김과 희생을 실천할 때, 지옥 같던 세상이 천국으로 변화될 수 있습니다. 우리의 작은 희생과 섬김이 화평을 만들고, 세상을 새롭게 변화시키는 열쇠가 됩니다.

1. "세상은 하나님의 작업장"이라는 설교의 진리에서, 지금 내가 속한 가정, 직장, 또는 사회에서 하나님이 나에게 맡기신 역할은 무엇이라고 생각합니까?

2. 세상이 말하는 평화가 아닌, 하나님이 주시는 샬롬을 경험하려면 내면에서 무엇을 변화시켜야 한다고 느낍니까?

3. "화평케 하는 자는 평화를 기다리는 자가 아니라 만드는 자"라는 말에서, 내가 실제로 평화를 만들어 가야 할 관계나 상황은 무엇입니까?

4. "예수님은 섬김과 희생으로 평화를 이루셨다"는 진리에서, 내 삶의 어떤 부분에서 예수님처럼 섬김과 희생을 실천할 필요가 있다고 느끼십니까?

5. "먼저 섬기고 희생함으로 세상에서 평화로 만들라"는 말씀에서, 오늘 내가 가정이나 일터에서 작은 희생을 통해 샬롬을 만들어 갈 수 있는 방법은 무엇인가요?

의를 위하여 박해를 받은 자는 복이 있나니
천국이 그들의 것임이라

─ 마태복음 5:10

향료 우리는 음식향
고른 추에서

9명 이런 하런 날래

박해를 받는 자가 행복하다

심방을 가면 벽에 걸린 성구 액자를 자주 볼 수 있습니다. 주로 복과 관련된 성구가 많습니다.

"네 시작은 미약하였으나 네 나중은 심히 창대하리라"(욥 8:7), "믿는 자에게는 능히 하지 못할 일이 없느니라"(막 9:23), "사랑하는 자여 네 영혼이 잘됨 같이 네가 범사에 잘되고 강건하기를 내가 간구하노라"(요삼 1:2).

너무나 귀한 성구들입니다. 그런데 "의를 위하여 박해를 받은 자는 복이 있나니 천국이 그들의 것임이라"(마 5:10)라는 성구 액자를 본 적은 한 번도 없습니다.

이상한 일입니다. 우리는 팔복을 통해 그리스도인이 누리는 참된 행복이 무엇인가를 묵상했습니다. 한 단계 한 단계 발전하며 팔복의 정상에 도달했습니다. 그 정상의 정점에서 우리를 기다리고 있는 복이 무엇입니까? 의를 위하여 박해를 받는 자의 복입니다. 깜짝 놀라지 않으셨나요? 박해를 받는 것을 행복이라고 말하는 사람이 어디 있습니까? 사람들은 육체적이든지 정신적이든지 고통이 없는 상태를 행복이라고 생각합니다. 그런데 어떻게 예수님은 박해를 받는 것이 최고의 복이라고 말씀하셨을까요?

행복, 다시 정의하다

"고난은 예수 그리스도의 제자를 위한 표지이다. 제자는 자신의 십자가를 짊어지고 그리스도를 따를 때, 진정한 고난의 의미를 깨닫게 된다."

디트리히 본회퍼(Dietrich Bonhoeffer)

"박해는 진리의 가장 확실한 증거다. 왜냐하면 진리를 고백할 때, 그리스도인은 그 고백을 지키기 위해 모든 것을 잃을 각오를 하기 때문이다."

마틴 루터(Martin Luther)

"그리스도인은 단순히 죄를 회피하는 것만이 아니라, 의를 위해 싸우고 고난을 받는 사람이다. 왜냐하면 그의 삶은 그리스도의 빛을 세상에 반사하기 때문이다."

찰스 스펄전(Charles Spurgeon)

"그리스도인이 진정으로 사랑할 때, 고통이 찾아올 것입니다. 그러나 사랑이 깊어질수록 고통은 더 큰 기쁨으로 바뀝니다."

테레사 수녀(Mother Teresa)

"박해를 받을 때, 우리는 우리의 신앙을 재평가하고 정화할 기회를 얻는다. 고난은 신앙을 시험하는 도구가 되며, 더 강한 믿음으로 나아가게 한다."

T.S. 엘리엇(T.S. Eliot)

"하나님의 정의를 추구하는 사람은 불편함과 저항을 마주할 수밖에 없다. 그러나 그 의로움은 결코 무너지지 않는다."

윌리엄 윌버포스(William Wilberforce)

"어둠 속에서 하나님을 믿는 것이야말로 진정한 믿음이다. 고난과 박해 속에서 하나님을 신뢰할 때, 우리는 그분의 임재를 가장 가까이 느낄 수 있다."

코리 텐 붐(Corrie Ten Boom)

오늘 본문은 해석하기도 어렵고, 적용하기도 어렵습니다. 하지만 말씀이 우리의 경험과 다르다고 해서 건너뛰면 안 되지 않겠습니까? 우리의 경험으로 포착되지 않는 말씀이라면 어떻게든 그 의미를 깊히 묵상하고 적용점을 찾아내야 합니다.

예수님의 의를 이루려면 박해를 받습니다

우리는 하나님의 의를 위하여 박해를 받아야 합니다. 예수님은 모든 박해가 다 복이라고 말하지 않습니다. "의를 위하여 박해를 받은 자는 복이 있나니"(10절) 라고 말씀하셨습니다.

예수님은 의를 위하여 받는 박해만이 복이라고 하십니다. 10절의 "의를 위하여 박해를 받는다"는 것은 무엇일까요? 11절에 그 의미를 이렇게 설명합니다.

"나로 말미암아 너희를 욕하고 박해하고 거짓으로 너희를 거슬러 모든 악한 말을 할 때에는 너희에게 복이 있나니" 라고 말입니다.

인간은 언제나 2가지 '의'로 인해 박해와 어려움에 직면합니다. 하나는 '자기 의'이고 다른 하나는 '예수님의 의'입니다. 많은 사람이 '자기 의' 때문에 오해받고 박해를 받습니다. 다시 말해서 자기 생각, 자기 신념, 자기 고집 때문에 박해를 받습니다.

코로나19가 한창일 때 몇몇 기독교 단체들과 교회들이 정부 방역 방침을 어기며 예배를 강행하다가 사회로부터 큰 지탄을 받은 사건들이 있었습니다.

이때 예배를 강행했던 기독교 단체들은 오늘 본문 말씀을 인용하면서 "우리는 의를 위하여 박해를 받고 있다"고 말했습니다. 그들은 우리가 "예수님 때문에 욕먹고 악한 말을 듣고 있으니 기뻐하고 즐거워하라"는 식으로 받아들였습니다. 이런 박해가 의를 위하여 받는 박해일까요? 그렇지 않습니다. 의를 위하여 받는 박해란 우리가 예수님의 성품을 닮고 그분의 뜻을 행하려 하다가 받는 심한 반대와 어려움입니다.

그리스도인만의 향기를 풍겨야 합니다

팔복은 예수님의 성품을 닮고 그분이 사셨던 대로 살라는 명령입니다. 긍휼히 여길 수 없는 사람을 긍휼히 여겨 보라고 합니다. 그 자체가 고난입니다. 깨어지고 갈라져서 서로 싸우는 세상 안으로 들어가서 평화를 만들라 합니다. 세상이 노벨평화상을 줄까요? 아닙니다. 너는 누구 편이냐 따질 것이고 자기 편에 서지 않는다고 미워합니다.

　그리스도인을 향한 박해는 공산주의 사회나 이슬람 사회에서만 있는 것이 아닙니다. 형태와 방식만 다를 뿐, 예수님을 따르는 제자의 삶에는 박해가 있습니다. 예수님께서는 요한복음 15장 18-20절에서 너희는 세상에 속한 자가 아니기에 박해 받는다고 합니다.

　"세상이 너희를 미워하면 너희보다 먼저 나를 미워한 줄을 알라 너희가 세상에 속하였으면 세상이 자기의 것을 사랑할 것이나 너희는 세상에 속한 자가 아니요 도리어 내가 너희를 세상에서 택하였기 때문에 세상이 너희를 미워하느니라 내가 너희에게 종이 주인보다 더 크지 못하다 한 말을 기억하라 사람들이 나를 박해하였은즉 너희도 박해할 것이요 내 말을 지켰은즉 너희 말도 지킬 것이라."

　왜 세상이 예수님을 미워하고, 예수님을 따르는 제자들을 미워할까요? 세상에 속하지 않았기 때문입니다. 그리스도인은 세상에서 살지만, 세상의 가치관과 세상의 방식을 따르지 않습니다. 그들이 볼 때, 그리스도인의 삶에서 무엇인가 독특한 구별됨이 감지됩니다.

　미국인은 한국인의 마늘 냄새가 싫다고 합니다. 한국인은 미국인의 버터 냄새가 싫다고 합니다. 미국에 살 때 가장 그리웠던 냄새가 청국장 냄새였습니다. 미국에서는 집에서 청국장 요리를 하다가는 큰일납니다. 누구에게는 너무나 그리운 냄새지만, 누구에게는 혐오스러운 냄새이기도 합니다.

그리스도인은 세상 사람과 다른 독특한 향기를 뿜어냅니다. 사도 바울은 고린도후서 2장 14-16절에서 그리스도인이 가진 독특한 향기에 대해 말합니다.

"항상 우리를 그리스도 안에서 이기게 하시고 우리로 말미암아 각처에서 그리스도를 아는 냄새를 나타내시는 하나님께 감사하노라 우리는 구원 받는 자들에게나 망하는 자들에게나 하나님 앞에서 그리스도의 향기니 이 사람에게는 사망으로부터 사망에 이르는 냄새요 저 사람에게는 생명으로부터 생명에 이르는 냄새라 누가 이일을 감당하리요."

무슨 말입니까? 그리스도인들의 향기는 어떤 사람에게는 혐오의 냄새가 되어 박해를 유발하고 또 어떤 사람에게는 매력의 냄새가 되어 생명으로 인도하는 도구가 된다는 뜻입니다.

그리스도인으로서 삶이 선명해야 합니다

우리의 삶에 의를 위하여 받는 박해가 있습니까? 박해가 없다면 그 이유가 무엇일까요? 그리스도인으로서의 선명함이 없기 때문입니다. 예수의 성품을 드러내지 않고 예수님의 길을 걸으려고 하지 않기 때문입니다. 많은 그리스도인이 주일날 예배를 마친 뒤, 세상으로 들어가면서 세상의 향수를 잔뜩 뿌립니다. 세상의 향수를 뿌리니 그리스도인에게서 예수 냄새가 나지 않습니다.

사랑하는 여러분! 이 세상을 본받지 말고 오직 마음을 새롭게 함으로 변화를 받아 하나님의 선하신 뜻을 행하려고 노력해야 합니다. 여러분 안에 계신 예수님의 뜻을 따라 살려고 노력해야 합니다. 그 노력으로 세상에서 예수 냄새를 많이 풍겨내야 합니다.

박해는 우리가 예수님의 증인으로 살려고 할 때, 필연적으로 경험합니다. 증인(證人)은 헬라어로 '마르투스'(μάρτυς)입니다. 즉, '순교자'(Martyr, 마터)입니다. 우리가 예수님의 증인이면 어떤 고난과 박해가 있어도 자신이 보고 경험한 것을 말할 수밖에 없습니다.

초대교회 그리스도인이 잘 보여줍니다. 초대교회 그리스도인들은 예수를 전하는 증인으로 살았습니다. 증인의 삶을 살았기에 고난을 받았습니다. 결국은 순교를 당했습니다.

갈릴리 호숫가에서 부활하신 예수님과 베드로의 재회 장

면을 기억하실 것입니다. 그때 예수님은 베드로에게 묻습니다. 네가 나를 사랑하느냐? 네 양을 먹이라. 네 양을 치라. 네 양을 먹이라(요 21:15-17). 어떻게 먹이고 어떻게 칩니까?

예수님은 자신의 살을 찢고 피를 흘려서 우리를 먹이셨습니다. 우리도 예수님처럼 우리의 삶을 찢고 피를 흘려서 먹여야 합니다. 한 영혼 사랑은 쉽지 않습니다.

한 영혼을 위한 사랑은 고달픕니다. 요한복음 21장 18절에서 이렇게 말합니다.

"내가 진실로 진실로 네게 이르노니 네가 젊어서는 스스로 띠 띠고 원하는 곳으로 다녔거니와 늙어서는 네 팔을 벌리리니 남이 네게 띠 띠우고 원하지 아니하는 곳으로 데려가리라."

사랑은 고달픕니다. 고달픈 사랑을 하지만 그 사랑은 행복합니다.

기독교의 목적은 예수 믿어 복 받자는 것이 아닙니다. 기독교의 목적은 예수 닮아 예수처럼 살자는 것입니다. 그런데 예수처럼 사는 것의 핵심은 복음을 증거하고 영혼을 품는 삶입니다. 복음의 증인으로 사는 것입니다. 그러면 고난이 시작됩니다.

박해받는 자에게 천국이 임합니다

우리는 예수님을 위해 박해를 받습니다. 예수님을 위해 박해를 받으면 천국이 임합니다. 오늘 주님은 분명하게 약속합니다.

"의를 위하여 박해를 받는 자는 복이 있나니 천국이 그들의 것임이요."

팔복을 보면, 첫 번째 복과 마지막 복이 같습니다. 첫 번째 복인 "심령이 가난한 자는 복이 있나니 천국이 그들의 것임이요." 마지막 여덟 번째 복도 "의를 위하여 박해를 받는 자는 복이 있나니 천국이 그들의 것이라"고 말합니다.

시작도 천국이고 완성도 천국입니다. 이 두 천국은 차이가 있습니다. 첫 번째 심령이 가난한 자가 소유하는 천국은 한 사람의 내면에 임하는 하나님의 통치입니다. 마지막 의를 위하여 박해를 받는 자가 경험하는 천국은 한 사람의 영혼을 넘어 이 땅 가운데 확장되는 하나님의 통치입니다.

스데반이 생각납니다. 스데반이 사도행전 8장에서 위대한 설교를 합니다. 설교를 듣고 군중은 분노의 돌팔매질을 합니다. 스데반은 성난 군중이 던진 돌에 맞아 죽습니다. 스데반이 돌을 맞고 죽어가던 그 순간 스데반의 모습에 대해 성경은 이렇게 소개합니다. 사도행전 7장 54-58절입니다.

"그들이 이 말을 듣고 마음에 찔려 그를 향하여 이를 갈거늘 스데반이 성령 충만하여 하늘을 우러러 주목하여 하나님의 영광과 및 예수께서 하나님 우편에 서신 것을 보고 말하되 보라 하늘이 열리고 인자가 하나님 우편에 서신 것을 보노라 한대 그들이 큰 소리를 지르며 귀를 막고 일제히 그에게 달려들어 성 밖으로 내치고 돌로 칠새."

스데반은 예수님의 성품을 닮아 담대하게 화평의 복음을 세상에 전했습니다. 세상이 보인 반응이 황당합니다. 이를 갈고 달려들고 성 밖으로 끌고 가서 돌로 칩니다.

스데반이 의를 위하여 박해를 받는 그 순간 임하는 복이 있습니다. 스데반이 하나님의 영광과 예수께서 하나님 보좌 우편에 서신 것을 봅니다. 그에게 천국이 임합니다. 즉, 성도가 세상에서 예수님의 성품으로 살고, 예수님의 길을 걸으려고 하면 반드시 어려움이 생깁니다. 우리가 겪는 어려움과 고난을 이기면 축복이 임합니다. 그 축복은 마음속에 천국이 임합니다. 즉 자신의 삶을 다스리시는 하나님의 통치를 두 눈으로 봅니다.

하나님의 천국이 스데반의 마음에 임하는 것으로 멈추지 않습니다. 사도행전 8장 58-60절을 보십시다.

"성 밖으로 내치고 돌로 칠새 증인들이 옷을 벗어 사울이라 하는 청년의 발 앞에 두니라 그들이 돌로 스데반을 치니 스데반이 부르짖어 이르되 주 예수여 내 영혼을 받으시옵소서 하고 무릎을 꿇고 크게 불러 이르되 주여 이 죄를 그들에게 돌리지 마옵소서 이 말을 하고 자니라."

이 사건 속에서 천국이 스데반의 마음에만 머물지 않았습니다. 오늘 말씀은 스데반의 순교 사건에 사울이라는 청년을 등장시킵니다. 사울이란 청년이 등장하는 이유가 있습니다.

이 사건 뒤에 곧바로 사도행전 9장을 보면, 사울이라는 청년이 다메섹 도상에서 부활하신 주님을 만납니다. 그가 회심하여 이방인의 사도가 됩니다. 무엇이 바울의 회심을 가능케 했을까요?

의를 위하여 핍박을 받는 스데반의 순교입니다. 스데반은 자신을 돌로 치는 자들을 향해 용서하여 달라고 기도합니다. 스데반은 천사와 같은 얼굴로 죽음을 맞습니다. 스데반의 순교는 돌처럼 단단한 사울의 영혼에 작은 균열을 일으켰습니다. 사울은 스데반의 모습에서 천국의 실체를 엿보았을 것입니다. 스데반의 얼굴 속에 비친 영광과 자유, 그리고 충만한 기쁨을 보면서 바울의 세계관이 흔들렸습니다.

박해 받은 스데반에게 천국이 임합니다. 그 스데반으로

인해 사울이라는 청년의 영혼에 균열이 발생했습니다. 박해받은 스데반에게 임한 천국은 개인의 천국에 머물지 않습니다. 한 사람의 영혼을 넘어 이 땅 가운데 하나님 나라 확장의 기틀이 놓아집니다.

우리가 받는 박해가 천국 확장의 디딤돌입니다

복음과 예수님을 위해 박해를 받는 것은 가장 위대한 복입니다. 예수님을 위해 박해를 받으면, 그 박해보다 크신 하나님의 위로와 통치가 그의 인생에 임하기 때문입니다. 고난을 이기고도 남을 하나님의 위로와 채워주심이 찾아옵니다. 그리고 더 놀라운 것이 있습니다. 죄 많은 세상에서 그리스도인은 고난, 어려움, 반대, 아픔 속에서도 평화와 기쁨을 잃지 않습니다. 도리어 천국과 같은 삶을 살아갑니다. 세상은 그런 그리스도인의 인생을 보면서 충격을 받습니다. 이 세상을 지배하던 강력한 힘들이 깨어지기 시작합니다. 세상에 하나님이라는 존재에 대한 인식이 열리기 시작합니다.

사랑하는 성도 여러분! 예수님 때문에 기꺼이 손해 보고, 양보하고, 희생하고, 용서하는 삶을 살기로 선택하십시오. 나의 고난과 희생보다 더 큰 하늘의 위로와 보상이 내 인생

가운데 부어집니다. 그 넘쳐 흐르는 성도의 자유와 영광이 하나님 통치의 강물이 되어 온 세상을 덮습니다.

2년 전 아버지께서 암에 걸리셨습니다. 대장암이 간까지 전이되었습니다. 아버지는 90세였지만 영적으로, 정신적으로, 육체적으로 대단히 건강한 분이었습니다. 혹시나 아버지께서 약한 모습으로 앉아있지는 않을까 걱정하는 마음으로 고향에 급히 내려갔습니다. 많이 마르셨고, 식사도 예전처럼 잘 하지 못했습니다. 하지만 정신만은 저보다 더 맑고 강인했습니다. 늘 하셨던 말씀을 변함없이 쏟아냈습니다. 성경에 대해, 목회에 대해, 인생에 대해 힘주어 말씀하셨습니다. 암에 걸렸다고 느끼기에는 달라진 것이 하나도 없었습니다. 더 놀란 사실이 있었습니다.

다음날 5시에 아버지의 방에서 뜨거운 찬양과 기도하는 소리가 들려왔습니다. 늘 하셨던 것처럼 그 시간에 일어나서 홀로 하나님께 예배를 드리고 계셨습니다. 잠시 후에 저를 부르셨습니다. 아버지께서 주일이면 몇몇 할머니들과 함께 드리는 기도 처소가 있습니다. 그 앞에 아버지와 어머니가 가꾸시는 텃밭이 하나 있습니다. 그런데 아버지는 암에 걸리시고, 언제 주님께서 부르실지 모르는 인생의 급박한 상황 앞에서도 아버지의 일상은 달라지지 않았습니다.

아버지와 함께 내려가서 잡초를 뽑고 나무를 베고, 밭을 가꾸었습니다. 서 있기도 힘들어 가쁜 숨을 내시는 분이 힘겹게 잡초를 뽑는 모습이 이해되지 않았습니다. 저는 그곳에서 그리스도인의 강인함을 느꼈습니다. 천국의 소망이 강렬한 아버지는 현실을 무시하지도 않고, 현실을 외면하지도 않았습니다. 아버지는 천국의 소망을 붙들고 자신에게 주어진 하루하루를 감사하며 멋지게 살아냈습니다.

아버지 자랑을 하고 싶습니다. 아버지는 가난한 산골 소작인의 아들로 태어났습니다. 초등학교밖에 나오지 못했습니다. 검정고시를 거쳐서 신학교에 들어가 목사가 되었습니다. 세상적으로 보면 성공한 목사가 아니었습니다. 하지만 제가 볼 때 아버지는 위대한 목사님이었습니다. 아버지는 정직하고 진실하게 목회했습니다. 3년만 더 기다리면 원로목사가 되어 여생을 편안하게 보낼 수 있었습니다.

뜻한 바가 있어 67세에 조기 은퇴한 뒤 중국선교를 떠났습니다. 15년의 세월 동안 중국의 시골을 사도 바울처럼 걸어 다녔습니다. 발이 닿는 곳마다 다니며 복음을 전했습니다. 그 선교 기간 동안 동상도 걸리고 허리병도 생겼습니다. 연로한 상태로 말할 수 없는 고난을 당했습니다. 하지만 선교하시는 아버지는 누구보다 기뻐했습니다.

행복, 다시 정의하다

건강 때문에 더 이상 선교를 나가실 수 없을 때에도 하루 종일 성경을 필사했습니다. 필사한 성경을 달력으로 만들어서 사람들에게 나누어 주었습니다. 그렇게 평생을 하나님의 사역을 위해 헌신하셨던 아버지의 삶에 암이 찾아왔습니다. 하지만 아버지의 평안은 조금도 흔들리지 않았습니다. 오히려 이제 자신의 인생을 돌아보면 감사한 것밖에 없다고 고백합니다. 천국의 소망을 품고 사셨습니다. 영광스럽고 담대하게 하나님의 나라에 입성하셨습니다.

주님을 닮고 그분의 길을 걸어가는 그리스도인의 삶에도 고난이 찾아옵니다. 하지만 걱정하지 마십시오. 그 고난을 뛰어넘는 하늘의 영광과 감격이 더 강렬하게 여러분의 인생을 붙들어 주실 것입니다. 주님 때문에 받는 손해와 시련이 있다면 기뻐하십시오. 왜냐하면 주님께서 여러분의 인생에 천국을 열어 주실 것이기 때문입니다. 그리고 그 천국은 여러분의 삶을 보는 사람들의 삶 속에서도 열리기 시작할 것입니다. 그러므로 이 혼탁한 세상 한가운데서 예수님을 닮고 그분을 따라 사는 길을 주저하지 않고 걸어가십시오.

☑ 의를 위해 박해를 받는 것은 그분의 뜻을 따르는 과정에서 겪는 어려움입니다.

예수님께서는 단순한 박해가 아니라 "의를 위하여" 받는 박해가 복이라고 하십니다. 이는 그리스도인이 예수님의 성품을 닮고 그분의 뜻을 따르는 과정에서 겪는 어려움과 반대를 의미합니다. 우리가 예수님을 닮으려는 삶을 살 때, 자연스럽게 세상과 충돌하게 되며 이로 인해 박해가 따를 수 있습니다.

☑ 그리스도인의 독특한 향기가 박해를 가져옵니다.

그리스도인은 예수님의 성품을 드러내는 독특한 향기를 풍깁니다. 이 향기는 어떤 사람에게는 생명의 향기가 되지만, 다른 사람에게는 혐오의 냄새로 다가와 박해를 유발하기도 합니다. 세상 속에서 예수님의 향기를 풍기며 구별된 삶을 살 때 박해는 필연적입니다.

☑ 박해는 그리스도인 정체성을 선명하게 드러냅니다.

세상에서 예수님을 따르려는 삶을 살면, 그리스도인은 자연스럽게 세상과 다른 가치관을 추구하게 됩니다. 그로 인해 세상은 그리스도인을 미워하고 박해하게 되며, 이것이 그리스도인의 정체성을 더욱 선명하게 드러내는 표지가 됩니다. 예수님의 제자로서 선명한 삶을 살 때, 박해는 오히려 그리스도인의 증거입니다.

행복, 다시 정의하다

☑ 박해를 통해 이 땅에 하나님 나라가 확장됩니다.

의를 위하여 받는 박해는 천국의 확장을 가져옵니다. 스데반의 순교처럼, 박해를 통해 그리스도의 사랑과 진리가 더욱 널리 전파됩니다. 한 사람의 박해와 순교가 다른 사람들에게 영향을 미쳐, 그리스도의 나라가 이 땅 가운데 확장되는 도구가 될 수 있습니다.

☑ 박해를 받는 자에게 세상을 이기는 평강이 함께합니다.

예수님께서는 박해를 받는 자에게 천국이 그들의 것이라고 약속하셨습니다. 이는 단순한 내세의 천국만을 의미하는 것이 아니라, 현재의 삶 속에서도 하나님의 다스림과 평강이 임함을 의미합니다. 박해 속에서도 그리스도인은 하나님의 임재와 천국의 영광을 누리게 됩니다.

9장_의를 위한 핍박 고난 속에서 열리는 하늘영광

1. 나는 예수님의 성품을 닮고자 할 때 어떤 박해나 반대를 경험한 적이 있습니까? 그 경험을 통해 어떤 영적인 성장을 이루었나요?

2. 그리스도인으로서 나의 삶에서 '독특한 향기'는 어떻게 나타나고 있나요? 세상과 구별된 삶을 살기 위해 어떤 노력을 하고 있습니까?

3. 예수님을 따르다 박해를 받을 때, 그것을 어떻게 해석하고 반응해야 할까요? 박해 속에서도 평강을 유지할 수 있는 방법은 무엇일까요?

4. 스데반의 순교가 바울의 회심에 영향을 미친 것처럼, 나의 신앙과 삶이 다른 사람에게 어떤 영향을 미치고 있다고 생각하십니까?

5. 예수님을 위해 손해 보고 희생하는 선택을 한 적이 있습니까? 그 선택을 통해 하나님께서 어떤 천국의 복을 허락하셨는지 생각해 보세요.

행복, 다시 정의하다

에필로그

: 우리의 삶에 깃든 팔복의 행복 레시피

우리가 함께 걸어온 팔복의 여정은 예수님께서 제시하신 진정한 행복의 길을 발견하는 과정이었습니다. 팔복은 단순한 도덕적 지침이 아닙니다. 내면의 변화와 하나님과의 관계 속에서만 발견할 수 있는 깊은 행복을 가르칩니다. 이제 이 팔복이 우리 삶 속에서 어떻게 실현될 수 있을지 다시 한번 상기하며, 하나님께서 약속하신 복을 누릴 수 있는 기회를 나누어 봅시다.

심령이 가난한 자는 복이 있나니라는 말씀은 우리가 하나님 앞에서 우리의 연약함을 인정하고 그분께 의지할 때, 천국이 우리에게 임한다는 약속을 줍니다. 애통하는 자는 복이 있나니라는 말씀은 복은 우리가 우리의 죄와 세상의 아픔을 애통할 때 하나님으로부터 진정한 위로를 얻게 됨을 상기시켜 줍니다. 온유한 자는 복이 있나니, 온유한 사람들은 자신을 낮추고 하나님께 맡기는 태도를 통해 결국 땅을 기업으로 받게 될 것입니다. 의에 주리고 목마른 자는 복이 있나니라는 말씀은 세상의 만족이 아닌, 하나님의 정의와 의로움을 갈망할 때 참된 배부름을 얻는 복을 약속합니다.

또한, 긍휼히 여기는 자는 복이 있나니라고 하셨을 때, 우리는 다른 사람을 긍휼히 여기고 용서할 때 하나님의 긍휼을 우리 삶에서 경험할 수 있음을 배웠습니다. 마음이 청결한 자는 복이 있나니라는 말씀은 우리의 내면을 하나님 앞에서 정결하게 지킬 때, 하나님을 더욱 분명하게 볼 수 있다는 약속을 줍니다. 화평케 하는 자는 복이 있나니라는 말씀은 그리스도인은 깨어진 세상 속에서 평화를 만드는 자로 부르심을 받았으며, 이를 통해 하나님의 자녀라 불리우는 은혜를 누리게 됨을 알려줍니다. 마지막으로, 의를 위하여 핍박을 받는 자는 복이 있나니라는 말씀은 우리가 예수님을

에필로그

따름으로 겪는 어려움 속에서, 오히려 천국의 복이 우리에게 임할 것임을 상기시켜 줍니다.

삶 속에서 팔복을 실천하며

이제 팔복의 여정을 마무리하며, 우리는 그 가르침을 단지 책 속에 남겨두는 것이 아니라, 삶의 구체적인 행동으로 살아내는 결단을 해야 할 때입니다. 예수님은 단순한 이론을 가르치신 것이 아니라, 그분 자신이 팔복을 사셨고, 우리에게도 그렇게 살아가라고 초대하셨습니다.

우리 모두가 이 책을 통해 예수님의 8가지 행복 레시피를 우리 삶 속에서 매일의 식탁으로 삼고, 그분이 약속하신 진정한 하늘의 행복을 맛볼 수 있기를 바랍니다.

마지막으로, 이 여정을 함께해 주신 독자 여러분께 깊은 감사를 드리며, 여러분의 삶 속에서 예수님의 평강과 복이 가득하길 기도합니다. 오늘도 예수님의 복을 풍성히 누리며, 세상에 그분의 향기를 전하는 복된 여정을 이어 가시기를 축복합니다.